ÉTUDE

GÉOLOGIQUE, HISTORIQUE ET COMMERCIALE

sur la

HOUILLE

du Bassin Franco-Belge

par E. MEUNIER

Représentant de Charbonnages
Membre de la Société Géologique du Nord
de la Société Archéologique de Senlis, etc.

LILLE
IMPRIMERIE LIÉGEOIS SIX
1896

ÉTUDE

GÉOLOGIQUE, HISTORIQUE & COMMERCIALE

SUR LA

HOUILLE

ÉTUDE

GÉOLOGIQUE, HISTORIQUE ET COMMERCIALE

sur la

HOUILLE

du Bassin Franco-Belge

par E. MEUNIER

Représentant de Charbonnages
Membre de la Société Géologique du Nord
de la Société Archéologique de Senlis, etc.

LILLE
IMPRIMERIE LIÉGEOIS-SIX
1896

A MONSIEUR J. GOSSELET

Doyen de la Faculté des Sciences de Lille
Professeur de Géologie

A MONSIEUR J. BIERNAUX

Ingénieur, Directeur des Charbonnages du Trieu-Kaisin

A MONSIEUR A. SÉVERIN

Ingénieur des Mines

Permettez-moi, Messieurs, de vous offrir avec mes remerciements, l'hommage de cette modeste étude, que vos suffrages indulgents ont bien voulu encourager. Je n'aurais jamais tenté de l'entreprendre sans votre concours, car vous m'avez, non seulement, autorisé à emprunter certaines parties de vos travaux mais encore à profiter de vos observations.

E. MEUNIER.

BIBLIOGRAPHIE

MORAND. — L'art d'exploiter les Mines de charbon de terre, 1768.

GENNETÉ. — Connaissance des veines de houille, 1774.

JARS. — Voyages métallurgiques, 1774.

François VENEL. — Instructions sur l'usage de la houille, 1775.

DRAPIEZ. — Coup-d'œil minéralogique et géologique sur la province du Hainaut, 1823.

Eug. BIDAUT. — Études minérales sur l'arrondissement de Charleroi, 1845.

F. CHALLETON DE BRUGHAT. — Études sur les combustibles employés dans l'industrie, 1858.

A. BURAT. — De la houille, 1851.

BOUHY. — De la houille, 1855.

PONSON. — Traité de l'exploitation des Mines de houille, 1868.

CAILLAUX. — Mines métalliques et combustibles minéraux de la France, 1875.

Comte DE SAPORTA. — Le monde des plantes avant l'apparition de l'homme, 1879.

ID. — Formation de la houille, 1882.

GRAND'HEURY. — Mémoire sur la formation de la houille, 1882.

Ch. D'ORBIGNY. — Description des terrains qui constituent l'écorce terrestre, 1849.

J. GOSSELET. — Mémoire sur les terrains primaires de la Belgique.

ID. — Esquisses géologiques du Nord de la France.

ID. — Étude sur le gisement de la houille dans le Nord de la France.

J. FRANQUOY. — De la fabrication des combustibles agglomérés, 1861.

C. LYON. — Notice sur l'industrie des agglomérés de houille dans le bassin de Charleroi, 1875.

L. JACQUES. — Étude sur la houille du bassin de Liège, 1867.

RENIER MALHERBE. — De l'exploitation de la houille dans le pays de Liège, 1863.

F. HÉNAUX. — La houillerie du pays de Liège, 1861.

HABETS. — Préparation mécanique des charbons.

CHARPENTIER DE CASSIGNY. — La terre, sa formation et sa constitution actuelle.

A. GARCENOT. — Les bassins houillers du nord-ouest de l'Europe.

EVRARD MERLIN. — Les dérangements du terrain houiller.

A. DE LAPPARENT. — Origine de la houille.

E. VUILLEMIN. — Le bassin houiller du Pas-de-Calais.

ARNOULD. — Bassin houiller du couchant de Mons.

Le but que je me propose dans cette étude est de mettre à la portée de tous, l'origine, la formation et les qualités si diverses de la houille.

Ayant passé une partie de mon existence au centre d'un grand pays houiller et industriel, j'ai pu recueillir sur les qualités et les applications de ce précieux combustible, des renseignements d'une précision absolue que des personnes étrangères à ces contrées ne peuvent connaître.

Sollicité par un certain nombre de mes amis de leur faire un exposé de ces renseignements, je n'ai pas cru devoir me dérober à la confiance qu'ils m'avaient accordée. Mais si certains chapitres, hors de mes études, n'ont pas toute la clarté désirable, ils m'excuseront d'autant plus facilement qu'ils savent que je ne suis ni un chimiste ni un ingénieur.

J'ai divisé cet ouvrage en deux parties.

La première comprendra la partie géologique et historique; la seconde aura trait aux différentes qualités de combustibles exploités dans le bassin houiller franco-belge.

Pour mener cette étude à bonne fin, j'ai réuni tous les documents que j'ai pu trouver, et si j'ai réussi à intéresser le lecteur, il est de toute justice que l'honneur en revienne aux écrivains dans les œuvres desquels j'ai puisé.

Ce n'est donc qu'une compilation que j'ai essayé de rendre aussi claire que possible.

Tout imparfait que sera ce travail, il aura son mérite cependant, s'il parvient à attirer l'attention sur les qualités des produits exploités dans les magnifiques charbonnages installés sur la bande houillère franco-belge, qui s'étend depuis Liège jusque dans le Boulonnais, en passant par Namur, Charleroi, Mons, Anzin et Béthune.

Crépy-en-Valois, le 23 Décembre 1896.

INTRODUCTION

La houille, disait un écrivain, est aujourd'hui la Souveraine et nous devons la saluer bien bas.

Il n'y a de progrès que par elle. C'est elle qui met tout en mouvement. Sans ce minéral, les magnifiques conquêtes de la science ne pourraient être appliquées. Tout rétrograderait. La civilisation serait frappée d'impuissance et l'humanité retomberait dans le chaos.

C'est par ce combustible, disait encore un orateur, que le char à bœufs des Mérovingiens est devenu l'énorme locomotive qui permet au plus pauvre de voyager aussi facilement que les grands seigneurs d'autrefois, sans payer plus cher.

C'est le mineur, le pudleur, le verrier, le mécanicien, le chauffeur, le forgeron, tous les ouvriers, enfin, travaillant par la houille, qui procurent à l'industrie moderne le moyen de fournir à des prix qui sont à la portée de tout le monde, les objets de première nécessité.

C'est elle qui chauffe nos appartements ; et au point de vue domestique, n'est-elle pas avant tout comme le dit Simonin « *le combustible du pauvre* » puisqu'elle permet de donner à bas prix, aux classes nécessiteuses de la société, une chaleur bienfaisante dont elles auraient dû souvent se passer, si ce minéral n'avait pas existé.

Par la distillation de la houille, on obtient des produits solides et des produits gazeux.

Le produit solide, le coke, est d'un emploi journalier dans l'industrie et dans les foyers domestiques.

Les produits gazeux fournissent le goudron, et l'ammoniaque employé comme engrais par l'agriculture.

Par la distillation du goudron, on obtient des huiles lourdes, des huiles légères et le brai.

Chacun de ces produits a reçu dans l'industrie un nombre considérable d'applications.

Les huiles lourdes sont employées pour l'éclairage, pour le graissage des machines ainsi que pour l'injection des bois. Elles renferment aussi de la naphtaline et de l'acide phénique employé en médecine comme antiseptique.

Des huiles légères on tire : la benzine dont l'usage est connu de tous les ménages pour le nettoyage des étoffes ; l'aniline « qui donne à elle seule toute la gamme des couleurs d'un éclat et d'une pureté incomparables. » Ces couleurs, rouges, violettes, bleues, jaunes, sont recherchées par les teinturiers et les imprimeurs sur étoffes ; le brai, qui sert à agglutiner les parcelles trop fines de charbon pour en former des combustibles agglomérés dont l'usage est général.

C'est la houille enfin qui a donné la richesse à des contrées tout entières, et qui est reconnue aujourd'hui comme un des premiers facteurs de la défense des États.

« La houille, » dit M. Simonis, « c'est la chaleur qui fait fondre les substances métalliques ; c'est la lumière qui permet à nos cités de prolonger au-delà du jour, leur activité créatrice ; c'est la force qui façonne les produits de l'industrie moderne et les rend propres à tous les usages ; c'est elle qui nous fait dévorer l'espace et qui, en rapprochant les distances, est un des propagateurs les plus énergiques de la civilisation. »

PREMIÈRE PARTIE

Notions Géologiques

Description des terrains primitifs sur lesquels sont déposés les végétaux de l'époque houillère.

La description géologique des terrains qui enveloppent l'écorce terrestre fournirait à elle seule la matière d'une étude très étendue, et le cadre restreint de cet ouvrage ne nous permet pas d'en aborder tous les détails.

Nous nous bornerons seulement à faire à grands traits la description sommaire des terrains primitifs, puisque c'est sur eux que se sont déposées les matières végétales, qui ont servi à former la houille.

Tout le monde sait que la partie de la sphère terrestre que nous habitons n'est pas le résultat d'une solidification instantanée. Il résulte de tous les faits géologiques qu'à l'origine la terre était fluide et incandescente.

Nous n'essayerons pas d'entreprendre l'explication de la genèse de notre globe, et d'entrer dans des détails de science pure, développés dans la *Gravitation universelle* de Newton et dans la *Mécanique céleste* de Laplace.

Nous nous contenterons de dire que c'est ce savant physicien qui, le premier, a établi que la terre était fluide au moment où elle a été lancée dans l'espace [1].

---

(1) Je prie les personnes qui me feront l'honneur de parcourir cette notice de n'en voir que le côté vulgarisateur. Ce n'est donc pas ici l'endroit de développer la théorie des nébuleuses pour expliquer la formation de la terre.

(*Note de l'auteur*).

Il démontra dans sa célèbre théorie qu'une masse liquide isolée et immobile doit, en vertu de l'attraction moléculaire, affecter une forme rigoureusement sphérique. Puis il prouva que, si l'on imprime à la sphère un mouvement de rotation, les molécules qui la composent, obéissant à la force centrifuge, ont une tendance à s'écarter les unes des autres, ce qui produit aux pôles un aplatissement en rapport avec sa densité et sa vitesse de rotation.

La terre, cette masse primitivement fluide, a donc suivi les lois de la gravitation universelle ; et, en vertu de son mouvement de rotation sur elle même, dans son parcours autour du soleil, elle s'est affaissée vers les pôles pour prendre la forme ovale que nous lui connaissons.

Ces résultats ont été encore confirmés par les expériences que le mathématicien L. Foucault a faites au moyen du pendule.

Enfin, il a été démontré par un grand nombre de savants géologues que « la terre est un globe de matières liquides, recouvert seulement à sa surface d'une croûte solide et refroidie, relativement très mince qui constitue le sol que nous habitons, » (Charpentier de Cossigny. — *La terre, sa formation et sa constitution actuelle*).

La terre est donc un sphéroïde aplati, fluide à l'intérieur, et dont la température va en augmentant au fur et à mesure que l'on descend vers le centre.

Un grand nombre d'expériences ont été faites pour déterminer la température du sol aux diverses profondeurs. Des ingénieurs, des savants de toutes les parties du monde, qui se sont occupés de cette question ont, par leurs multiples et divers travaux, obtenu les mêmes résultats confirmatifs, que la température de la terre est à peu près uniforme aux mêmes profondeurs et sous toutes les latitudes, et qu'elle s'accentue graduellement à mesure que l'on s'avance vers le centre.

Cet accroissement est de environ un degré tous les 30 mètres.

Si nous prenons trois degrés pour 100 mètres, on arrive à atteindre, à la profondeur de 50 kilomètres, la température de quinze cents degrés, point de fusion du platine.

Donc à dix lieues d'enfoncement vertical les pierres et les métaux ne peuvent être qu'à l'état de fusion.

Cette fluidité intérieure est encore prouvée par des mouvements lents ou brusques, tels que les tremblements de terre, les soulèvements des chaînes de montagnes, les volcans qui rejettent ces matières incandescentes ou en fusion.

Un instrument, le sismographe, dit Victor Meunier, nous indique d'ailleurs, que la terre est sans cesse en mouvement, qu'elle tressaille, qu'elle vibre et qu'elle palpite, même quand nous la croyons dans un repos absolu.

En vertu de son mouvement de rotation dans une température d'environ 60° au-dessous de zéro, la terre s'est graduellement refroidie par suite du rayonnement de sa chaleur dans l'espace.

Au début ce refroidissement s'est fait, d'une façon continue aux dépens des couches superficielles, ce qui a amené leur solidification progressive. Mais cette croûte sans cesse oscillante, se plissait, se rompait, se ressoudait et formait de gros fragments surnageant au-dessus de la partie restée fluide.

Peu à peu, l'épaisseur de la partie solide devint telle, que la perte de chaleur se fit dans les couches plus profondes, et les couches supérieures gagnèrent en épaisseur.

L'enveloppe devint peu à peu consistante.

Le contenu fluide ne cessa cependant de se refroidir ; il prit la forme solide, se contracta, et des crevasses s'ouvrirent sur différents points de la croûte enveloppante ; par ces crevasses se répandirent des matières fluides ou liquéfiées venant de l'intérieur, et il se fit sous l'écorce terrestre, un espace libre qui fut bientôt occupé par des vapeurs et des gaz produits par les matières les plus volatilisables.

Il résulte donc que l'enveloppe n'est pas en contact immédiat avec la partie incandescente.

Or, c'est cette force élastique des vapeurs qui supporte la surface solide sur laquelle nous habitons.

On peut donc dire avec Ch. d'Orbigny « que la partie solide que nous foulons avec tant de sécurité, enceint de toute part une matière embrasée qui mugit sous sa frêle enveloppe. »

Le premier résultat du refroidissement fut la formation de masses puissantes, riches en gîtes métallifères, que les géologues ont souvent désignées sous les noms de gneiss, micaschistes ou encore azoïques, parce qu'elles sont complètement dépourvues de fossiles. La vie n'était pas encore apparue à la surface de la terre.

C'est cette formation primordiale qui constitua le sol de la première mer universelle, et qui, par ses soulèvements, donna naissance aux premières îles et aux premières montagnes (1).

Pendant la période d'incandescence, l'eau qui actuellement enveloppe la terre devait être à l'état gazeux ou de vapeurs. Le refroidissement continuant, il vint une époque où la température enveloppante ne fut plus suffisante pour maintenir ces vapeurs à l'état gazeux ; elles se condensèrent et se précipitèrent à la surface de la terre.

---

(1) Ces soulèvements sont connus en géologie sous le nom de systèmes. Elie de Beaumont a tracé sur la mappemonde tous les systèmes de soulèvement.

Les premières mers furent formées ; mais elles furent mises en ébullition par la chaleur qui régnait encore à la surface du globe.

Pendant une longue période de siècles, ces eaux chaudes donnèrent naissance à des agents érosifs, à des combinaisons chimiques, qui arrachèrent aux roches formant leur lit des fragments, et des parcelles qu'elles avaient dissoutes.

Ces fragments et ces parcelles qui avaient été sans cesse mélangés par les flots, se sont déposés ensuite, insensiblement, lorsque les eaux furent devenues plus tranquilles ; et une première couche de matière minérale, appelée *sédiment*, est venue se superposer à la roche primitive ou gneiss.

Mais ces premiers sédiments prirent, sous l'action de la masse brûlante sur laquelle ils s'étaient déposés, une structure schisteuse, c'est-à-dire formée de feuillets comme l'ardoise. « On retrouve en Bretagne, et dans les Ardennes ces schistes bleus ou verts ; ce sont les plus anciens terrains de l'Europe. On en retrouve aussi en Angleterre dans le duché de Cumberland. »

Ces terrains sont connus sous le nom de terrains Cambriens ou siluriens inférieurs.

Vers la fin de cette première période, après la condensation et la précipitation des vapeurs qui enveloppaient la terre, la température s'étant sensiblement abaissée, les premières plantes marines, rudimentaires, firent leur apparition.

Enfin il arriva une époque où la matière primitive, sortie des eaux, par l'effet des soulèvements, après avoir subi l'influence décomposante de l'air, qui en avait amené la désagrégation, est devenue propre à la végétation.

En vertu de la grande chaleur qui régnait encore à la surface de la terre, l'atmosphère devait être saturée de vapeurs d'eau, et sa température, assez élevée, favorisait le développement des végétaux. Des fougères arborescentes, grandes comme des palmiers, des sigillaires géantes, des lycopodes, des calamites, etc., commencèrent « à montrer leurs formes gigantesques. »

Cette époque, appelée l'âge carbonifère, a produit dans ces conditions une végétation toute spéciale et dont nous ne pouvons nous faire la moindre idée.

« Cette époque, dit Flammarion, doit être considérée comme celle de la purification de l'atmosphère. Celle-ci a cédé son excès de carbone à une puissante végétation qui s'est développée sur les premières terres émergées. Dans les conditions ordinaires ces plantes eussent restitué à l'atmosphère l'acide carbonique qu'elles lui avaient enlevé. Mais les débris de végétaux étaient au fur et à mesure de leur chute enfouis sous l'eau et la vase, et leur transformation opérée à l'abri de l'air, maintenait dans la **Houille** qui en résultait, la presque totalité de l'acide carbonique. »

Ce que nous venons d'esquisser bien sommairement a été une œuvre lente, qui a dû exiger des milliers de siècles, quand on pense que, pour la période dévonienne et la première partie de l'époque carbonifère seulement, on a évalué à près de douze kilomètres l'épaisseur des sédiments qui se sont accumulés les uns sur les autres.

« Quelle immense durée, dit M. Gosselet, représentent ces douze kilomètres de sédiments ! et cependant, cette incalculable série d'années ne représentent qu'une période et demie de l'histoire de la terre. »

Théories sur la formation de la houille

Selon certain savant du siècle dernier, la houille serait un limon imprégné de pétrole.

« Lorsqu'on parcourt les minières, on comprend difficilement comment des forêts se sont introduites entre deux couches horizontales de rochers, et comment des arbres différents auraient donné la même matière inflammable. Il est naturel de croire que le charbon a été formé du naphte ou de l'huile de pétrole qui étant venu à rencontrer du limon ou de la marne, s'est durci par couches ou par bancs, et s'est changé en combustible fossile, après qu'une vapeur sulfureuse passagère est venue s'y joindre. *(Essai de minéralogie 1774).*

Selon le docteur Genneté, la houille se reproduisait.

Il nous dit dans son ouvrage *(sur la connaissance des veines de houille 1774)* que les minéraux et les substances métalliques ne se reproduisent jamais dans le souterrain qui en a été vidé.

« C'est le contraire, dit-il, dans les mines de houille. La reproduction y est presque complète dans l'espace de 30 à 40 ans après l'exploitation. On voit que la houille est formée d'un suc bitumineux qui distille du roc, s'y arrange en veines d'une très grande régularité, et s'y durcit comme la pierre ; voilà sans doute pourquoi elle se reproduit. »

« Mais pendant que la veine de houille n'est pas exploitée que devient le suc bitumineux qui dans 40 ans peut reproduire une semblable veine ?

« Je ne sais, conclut-il, s'il est possible de dévoiler ce mystère. »

Dans l'état actuel de nos connaissances géologiques, ces hypothèses ne peuvent plus être admises.

Tout le monde sait que la houille a été déposée, soit sur place, soit par transport.

Les empreintes et les débris des végétaux que l'on rencontre sur les schistes qui accompagnent la houille, prouvent que celle-ci a été formée d'éléments appartenant au règne végétal.

Cette remarque avait été faite la première fois par Antoine de Jussieu. Il avait observé au cours d'un voyage qu'il fit aux houillères des environs de Saint-Étienne, en examinant des plaques de schiste houiller, une infinité d'empreintes végétales et toutes différentes des plantes que l'on rencontre en France ; il n'avait pas hésité à reconnaître sur ces empreintes, des palmiers et des fougères arborescentes. La mer seule avait dû, croyait-il, opérer le transport de ces plantes qui devaient être, selon lui, renfermées entre les feuillets depuis plus de 3000 ans.

Les notions vagues et incomplètes que l'on avait alors sur la constitution de notre planète, et sur les diverses transformations qu'elle a subies, ne lui permettaient pas de faire remonter ces plantes à une époque plus éloignée.

Le naturaliste Brongniard est le premier qui ait étudié et donné un corps à la Science de la flore houillère. *(Botanique des plantes fossiles)*. Il observa, analysa les tiges fossiles renfermées dans les couches des terrains houillers, les classa et détermina la flore carbonifère qui représente « un des plus merveilleux épisodes de la chronique de notre globe. »

Comme ces plantes se rapprochent toutes de celles dont on retrouve aujourd'hui quelques échantillons, bien amoindris, dans les îles des environs des tropiques, et que cette flore est la même dans tous les bassins houillers connus, il en a conclu que ces végétaux ont crû sous l'influence de la chaleur centrale et dans une température qui devait être uniforme par toute la terre aux premières époques géologiques.

Ses investigations et ses recherches l'ont également amené à reconnaître qu'à cette époque primitive, l'eau couvrait presque entièrement la surface du globe, à l'exception de quelques points qui se peuplèrent, dès les premiers temps, d'arbres et de plantes en quantité considérable ; que ces plantes, croissant dans un terrain humide et chaud devaient s'être développées avec beaucoup de rapidité, et que tous leurs débris avaient formé des dépôts de matières végétales sur différents points.

Ce sont tous ces débris amoncelés les uns sur les autres qui, après un grand nombre de siècles, se sont transformés en houille.

Mais les débris des végétaux ont-ils été entraînés et déposés dans les endroits où on les trouve aujourd'hui, ou bien cette formation s'est-elle faite sur place ?

Nous allons exposer les arguments invoqués par les partisans de chacun de ces systèmes.

D'après les partisans de la formation sur place, les terrains sur lesquels les premiers végétaux ont été déposés, devaient présenter une surface horizontale, et former des plaines marécageuses vastes et régulières.

La végétation très luxuriante de cette époque, devait fournir une masse de matériaux, qui s'accumulaient rapidement en formant une série de couches de substances végétales, plus ou moins chargées de limon et de matières étrangères.

L'accumulation des végétaux se faisait de cette manière, tant qu'il ne survenait pas d'eau en assez grande quantité pour submerger ces tourbières.

Les partisans de cette théorie admettent, comme chose démontrée, que l'écorce solide du globe n'était pas encore suffisamment résistante pour supporter certains dépôts et que le fond du bassin s'affaissait. Une fois que la masse était submergée, des sables et des argiles se déposaient insensiblement sur la couche des matières végétales.

Après un temps plus ou moins long, la lame d'eau se trouvait suffisamment réduite ; le règne végétal reparaissait alors ; une nouvelle couche de houille se formait pour être plus tard ensevelie à son tour sous de nouveaux sédiments amenés par de nouvelles inondations, et ainsi de suite, de manière à former un ensemble de couches de houille séparées par des intervalles de schistes et de grès.

Tout en étant d'accord avec les premiers sur la nature végétale de la houille, les partisans de la formation par transport pensent aussi que les forêts carbonifères étaient presque exclusivement marécageuses. Mais les matériaux accumulés par la croissance rapide des végétaux étaient, d'après eux, souvent emportés dans des bassins de dépôt où ils étaient préservés de la destruction complète ; tandis que ceux qui séjournaient plus longtemps dans les parties marécageuses, formaient une sorte de boue noire, que M. de Saporta a appelée matière ulmique.

Ils n'admettent pas pour la formation des couches cette série d'affaissements du sol, permettant à de nouvelles forêts de naître au-dessus des anciennes, pour être plus tard détruites et ensevelies sous les éléments détritiques amenés par de nouvelles inondations.

Si la houille et les terrains qui l'encaissent avaient subi ces affaissements périodiques, disent-ils, on devrait retrouver dans les endroits où ces forêts primitives ont été enfouies des troncs entiers de ces arbres. On en constate au contraire l'absence complète dans les couches de houille. Quand par extraordinaire les arbres occupent une position verticale, ils ont conservé leur forme cylindrique, et on ne les retrouve, sous cette forme, que dans les grès et les schistes qui sont superposés aux couches de houille.

« Ces grands végétaux qui sont creux à l'intérieur sont restés en place dans le toit de la veine. La partie ligneuse de l'arbre qui présentait peu d'épaisseur s'est convertie en houille. Ce moule ou fourreau s'est rempli, soit de sable soit de schiste. Lorsque l'on a enlevé la veine de houille il arrive souvent que ce cylindre conique intérieur, appelé *cloche* par les mineurs, isolé dans la roche encaissante, glisse dans le fourreau et s'abat d'un seul coup sur la tête des ouvriers ».

Les recherches de M. Fayol montrent aussi que la verticalité des troncs ne prouve nullement le développement sur place.

« Les arbres houillers avec leurs tiges cylindriques, couronnés seulement au sommet, d'un bouquet de feuilles étaient tout à fait propres à conserver dans un flottage la verticalité de leur tige.

« Charriés au milieu de sédiments de toute nature, ils devaient s'enfoncer peu à peu lors du dépôt au sein d'une matière assez résistante pour les soutenir. »

Ajoutons que M. Fayol a trouvé dans les houillères de *Commentry* une tige verticale dont les racines étaient dirigées vers le haut et qui ne pouvait avoir été amenées dans cette position que par un flottage.

Ils repoussent donc la formation à la manière des tourbières en disant que les éléments qui constituent la tourbe sont toujours enchevêtrés, tandis que ceux de la houille sont toujours superposés, à plat, et que ces éléments proviennent de végétaux aériens, et non aquatiques, ne présentant pas d'analogie avec les végétaux des marais tourbeux.

La structure de la houille elle-même, dit M. de Saporta, met en évidence que l'eau servant de véhicule, a pu seule coller les uns sur les autres, à la façon des feuillets d'un livre, tous ces débris de végétaux.

Quant à leur mode d'accumulation, il sera facile au lecteur de le reconstituer en pénétrant avec M. de Saporta à l'ombre de ces forêts primitives...

... « Au plus épais des forêts humides de cet âge, au pied des ondulations faiblement accusées, où s'amoncelaient dans des mares dormantes ces immensités de débris qu'engendrait une végétation toujours active, à la fois exubérante et promptement épuisée. Si de pareils amas s'observent de nos jours au sein des forêts vierges, que devait-il en être dans ces époques premières où rien dans la structure des plantes n'était fait pour consolider les tiges, par l'accroissement régulier du bois.

C'était de toute part, des jets effrayants, des productions improvisées, des poussées subites, élevant des colonnes vertes dont le rôle était aussi éphémère que la fermeté peu assurée. La plupart des tiges carbonifères creuses ou gonflées de moëlle à l'intérieur, succombaient par l'exagération même de leur croissance ; les fougères se couronnaient de frondes invraisemblables par leurs dimensions ; les tiges des sigillaires se dépouillaient rapidement de leurs feuilles et tous ces débris s'accumulaient sans trève dans une ombre étouffée sur un sol détrempé. On conçoit l'énormité de produits ulmiques, la décomposition faisant de nouveaux progrès à la moindre averse, de manière à réduire en pâte noirâtre la couche de résidus la plus inférieure.

...Rarement les tiges tombées demeuraient entières ; elles se gonflaient, s'ouvraient ; les parties molles et lacunaires se désagrégeaient les premières ; les parties denses et fibreuses se détachaient de la masse corticale. Les feuilles détachées formaient d'autres entassements et tous ces monceaux obstruant certaines places, au bas des déclivités, au débouché des vallées intérieures, attendaient l'arrivée et le passage des eaux, pour abandonner à leur action d'innombrables matériaux parvenus à des degrés très inégaux de décomposition (DE SAPORTA : *Formation de la houille*).

Il nous reste à voir à présent comment s'est opéré le transport des végétaux dans les endroits où on les trouve aujourd'hui à l'état de houille.

M. de Lapparent nous en a donné, dans son ouvrage sur l'*Origine de la houille*, une théorie très rationnelle.

. . . « Le dépôt ayant lieu après un assez long transport, et toutes les alluvions arrivant dans un bras de mer, le jeu des vagues les forçait à s'étaler. Déjà disséminées sur une grande surface en raison de l'importance de la masse d'eau fluviale qui les charriait elles devaient encore, sous l'action de la lame, tendre à s'aplatir dans le sens horizontal, ce qui explique comment les couches du nord sont généralement si régulières.

. . . « Il devait y avoir lors des crues d'immenses nappes fluviales larges de bien des kilomètres, sur toute la surface desquelles s'étalait le convoi de matières végétales. Ce convoi formait déjà une couche mince étalée et bien égale, dont l'action marine ne pouvait qu'accentuer la régularité. En se déposant, des matières ulmiques qui en formaient la masse principale, se dégageaient peu à peu des vases tout à fait fines, avec lesquelles elles étaient charriées, ce qui explique la parfaite constance de la composition du *Mur*. Au contraire le *Toit*, résultant d'une crue ultérieure pouvait être quelconque. De plus il s'appliquait sur la couche végétale déjà formée, sans lui rien emprunter.

« Enfin, comme les végétaux non macérés, tels que les frondes des fougères et un certain nombre d'écorces avaient dû surnager à la surface des matières ulmiques on comprend que leur empreinte ait été si souvent prise par la couche du *Toit*. » (*Origine de la Houille*).

Ainsi tout s'explique dans cette conception dans laquelle M. de Lapparent nous montre si clairement l'action des

eaux fluviales; laquelle dit-il a pu durer assez longtemps pour combler sous des milliers de dépôts l'ancien bras de la mer carbonifère.

Toutes les couches venant se plaquer les unes sur les autres, de manière à former un ensemble de couches de houille séparées par des bancs de grès et de schistes, sur une épaisseur qui atteint dans certains endroits de la bande houillère plus de 2000^{m} de hauteur verticale.

Chacun sait que les couches de houille reposent sur un banc de schiste argileux, *(on l'appelle le mur de la veine).*

Elle est pressée au-dessus par un autre banc qu'on appelle *le toit* (fig. 1).

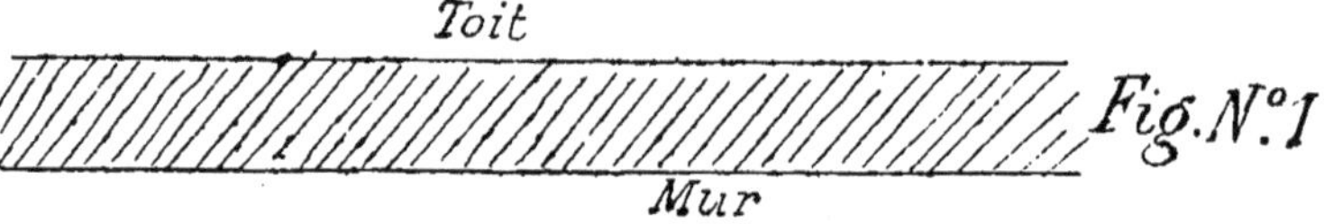

Ce banc supérieur est généralement du grès.

La matière minérale, grès ou schiste qui sépare deux veines de houille est appelée *stampe* (fig. 2).

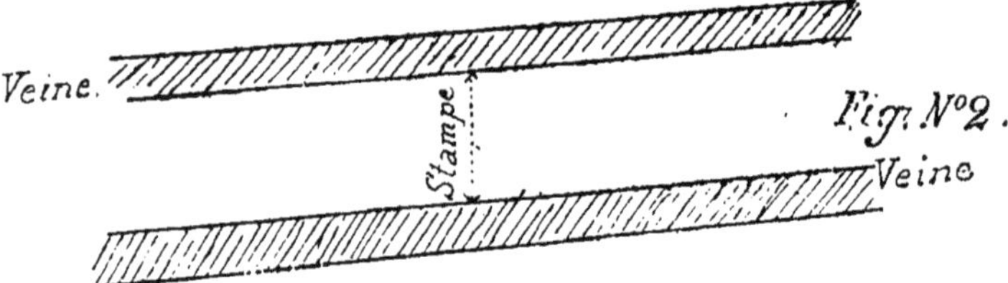

Cependant l'épaisseur de la stampe n'est pas toujours constante et ainsi que nous le verrons dans le chapitre suivant, il arrive parfois que la veine de houille disparait par la jonction des grès inférieurs avec les grès supérieurs.

C'est donc à l'ombre des forêts épaisses et sous l'influence de l'humidité et de la chaleur, que s'est opérée la première transformation de ces débris, sous une nappe d'eau imperméable à l'air.

Cette condition leur a permis de conserver la totalité de l'acide carbonique qu'ils avaient enlevé à l'atmosphère.

Enfin, l'élévation de la température du sol, à cette époque, jointe à une compression prolongée, leur a fait acquérir une densité plus grande.

Telles doivent être les combinaisons qui ont donné aux houilles les propriétés qui les caractérisent.

Il nous paraît indispensable de donner à la fin de ce chapitre la distribution des bassins houillers français, d'après la flore qui a concouru à leur formation.

Après s'en être bien pénétré, le lecteur pourra s'expliquer alors que la différence des qualités de houille provient de la nature des végétaux qui ont contribué à leur formation, et que, suivant cette origine, il a dû s'établir de notables différences de qualité dans les dépôts de combustibles.

M. Grand'Heury a divisé la formation carbonifère en quatre zones ou étages :

Zone première ou premier âge houiller. — 1° Rive-de-Giers, Fresnes, Vieux-Condé, Vicoigne, Carvin.

2° Carmeaux, Épinac, Bessèges-la-Mure, Ronchamps.

Zone deuxième. — 1° Anzin, Aniche, faisceau inférieur de Saint-Étienne, Brassac, Blanzy, Grand-Combe.

2° Faisceau moyen de Saint-Étienne.

Zone troisième. — 1° Decize, Bourganeuf, Ahun, tout le bassin du Pas-de-Calais, faisceau moyen.

Zone quatrième. — La formation de la quatrième zone ou dernier âge houiller se compose de charbons gras pour forges et cokes, de charbons secs à longue flamme ou charbons flénus.

Les houilles provenant des exploitations situées au nord et à l'est de Charleroi, correspondent à la première zone.

Les charbonnages situés au centre et contre la lisière méridionale de ce bassin, exploitent des houilles produites par les végétaux du 2e âge houiller. Les houilles du 3e âge y sont exploitées par quelques charbonnages seulement, et celles du 4e âge manquent complètement dans ce bassin.

Le bassin de Mons renferme la formation complète, depuis les charbons maigres jusqu'aux charbons secs à longue flamme ou charbon flénus.

Ainsi les houilles maigres ou du premier âge, qui ont été formées par de pauvres éléments végétaux, apparaissent sur les bords nord-est de la bande houillère. Viennent ensuite les houilles demi-grasses formées par les mêmes éléments mélangés avec des végétaux déjà plus complets, et qui occupent une bande extérieure à la précédente,

Les houilles du troisième âge sont des houilles grasses, formées par des végétaux surtout arborescents, qui occupent une bande encore plus éloignée que la précédente.

Enfin les houilles du quatrième âge ou charbons à gaz et les charbons flénus, se montrent généralement à la lisière sud-occidentale des faisceaux houillers.

Ce dernier âge correspond à la période de la plus grande activité et de la plus grande vigueur de l'époque carbonifère.

La région Ardennaise était alors ce qu'il y avait au nord de la France de partie émergée. Après la dernière période de l'âge carbonifère toute la contrée s'affaissa ; la mer revint de nouveau l'envahir, combla les dépressions dans lesquelles les matières végétales avaient été déposées et engloutit tout l'étage carbonifère sous d'épaisses couches de matériaux divers (1).

---

(1) Les dépôts lacustres du centre de la France se distinguent du dépôt maritime franco-belge en ce que les végétaux ont été, pendant la période houillière, déposés dans les lacs d'eau douce, isolés, circonscrits et fortement dominés par des sommités voisines. *(A. Burat. — La Houille)*.

Cette carte est tirée de l'ouvrage de M. VILLEMAIN. — Bassin houiller du Pas-de-Calais.

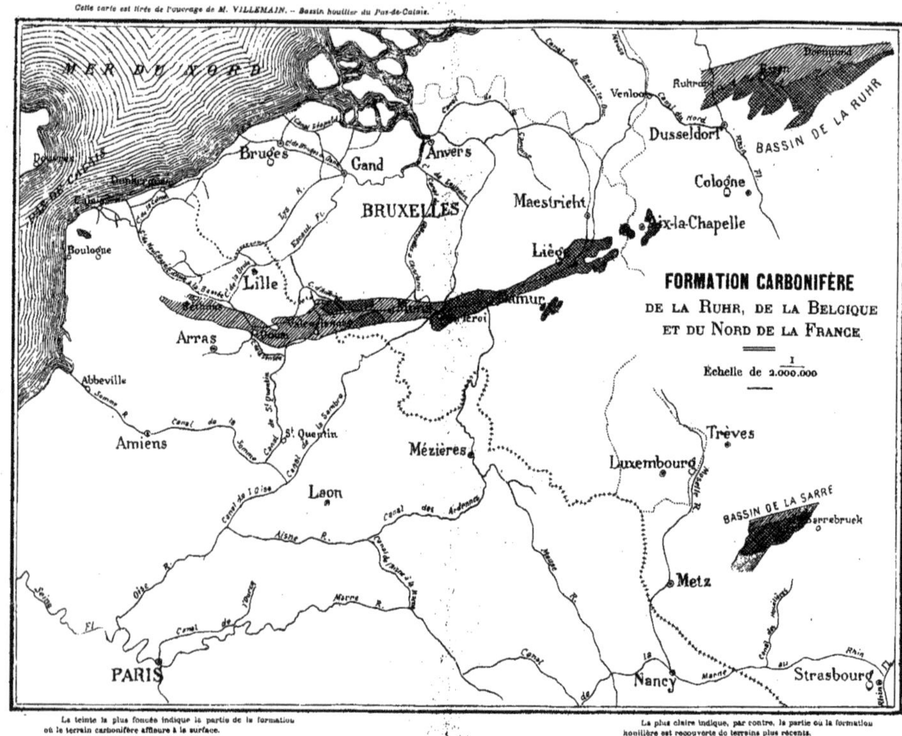

La teinte la plus foncée indique la partie de la formation où le terrain carbonifère affleure à la surface.

La plus claire indique, par contre, la partie où la formation houillère est recouverte de terrains plus récents.

Gîtes carbonifères

QUE RENFERME LA BANDE HOUILLÈRE FRANCO-BELGE

Le bassin houiller franco-belge, le plus vaste et le plus riche du continent, représente une large et profonde vallée, formée par une dépression du calcaire carbonifère, laquelle décrit une courbe passant par Aix-la-Chapelle, Liège, Namur, Charleroi, Mons, Anzin, Valenciennes, Douai, Béthune, Hardingen dans le Boulonnais et se prolonge ensuite sous une grande partie de l'Angleterre (1).

Sa longueur, tant en France qu'en Belgique, serait d'environ 400 kilomètres, sur une largeur moyenne de 10 à 12 kilomètres.

Sur toute cette surface l'étage houiller s'y poursuit sans interruption.

D'après M. Gosselet, cette vallée devait être, à l'époque houillère, limitée au nord, par un plateau très élevé, formé de terrains primitifs, siluriens et dévoniens, appelé plateau du Brabant. Il s'est affaissé depuis lors et disparaît sous des terrains plus récents (2).

Au midi elle était bordée par un autre soulèvement appelé crête du Condroz qui se trouve en avant des Ardennes sur lesquelles elle s'appuie.

---

(1) Pratiquement, cette zone carbonifère commence en Westphalie et se prolonge jusqu'au sud de l'Irlande.

(2) De nombreux forages en Belgique ont démontré la présence sous le Brabant et sous les Flandres, d'un vaste plateau très ancien d'âge silurien et dévonien incliné au nord et caché sous les terrains crétacés et tertiaires. Au sud des gisements houillers, se développe parallèlement le grand seuil silurien et dévonien de l'Ardenne. Il résulte de sondages intéressants que ces couches anciennes se poursuivent souterrainement jusque dans le sud du Boulonnais. G. DOLLFUS.

Cette profonde vallée constituait un des bras de la mer carbonifère qui s'étendait depuis la Russie jusque sur l'Amérique. Un courant la traversait, longeant les côtes du Condroz et du Brabant. C'est dans cette dépression que se sont déposés les végétaux qui ont produit la houille.

Quoique cette étude n'ait pas trait à la constitution géologique, pas plus qu'à l'exploitation de ce bassin houiller, quelques renseignements nous paraissent cependant indispensables pour faire comprendre au lecteur le sujet que nous traitons.

Fig. 3.

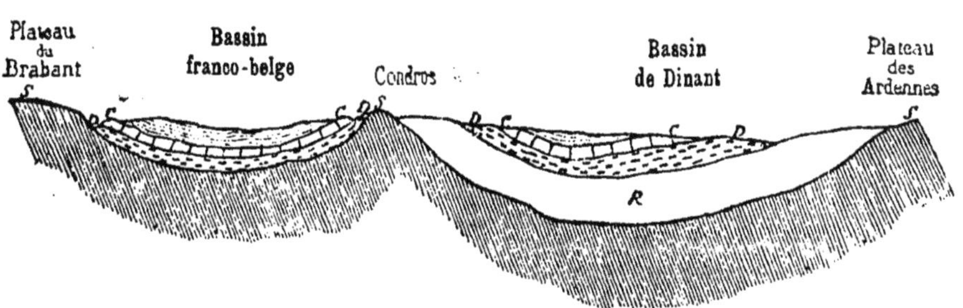

S Terrain silurien. *D* Calcaire dévonien.

R Vieux grès rouge. *C* Calcaire carbonifère.

Pendant et après les milliers de siècles qu'avait duré la période carbonifère, les couches de houille ainsi que les terrains qui les encaissent, ont subi une série de mouvements qui les plissa et les brisa.

« Vers la fin de cette période, un évènement considérable est venu transformer toute la contrée. La crête du Condroz fut poussée par l'Ardenne, du sud au nord, sur le plateau du Brabant qui reçut la pression sans éprouver aucune modification.

« Le premier effet de cette pression fut de faire enfoncer le centre du bassin franco-belge à de grandes profondeurs, et il se fit alors parallèlement à l'axe du bassin une fente prodigieuse que l'on peut suivre depuis la Prusse Rhénane jusque dans le Boulonnais.

« Cette énorme fente est appelée grande faille ou faille du Midi.

» Sous la poussée latérale du sud au nord, décrite plus haut, les couches qui étaient primitivement horizontales, furent relevées et rejetées sur la partie septentrionale. Les terrains situés au sud de la faille et qui s'appuyaient sur la partie nord de la crête du Condroz furent relevés, puis renversés et jetés sur le côté Nord, de sorte que les couches les plus anciennes sont venues recouvrir les plus récentes.

Fig. 4.

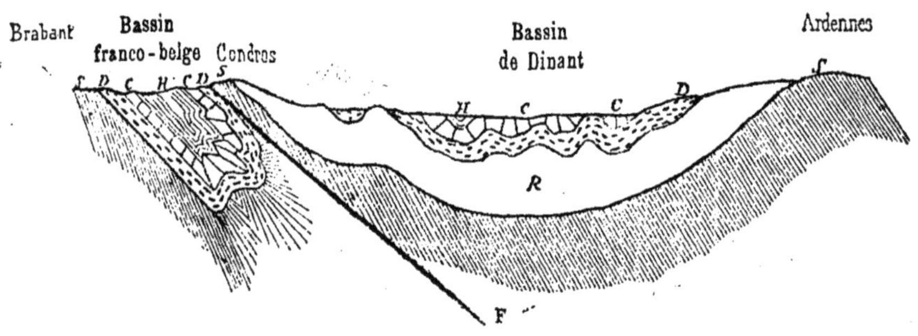

F Grande Faille.
H Schistes Houillers.

» Obligées de se resserrer dans un espace plus étroit, ajoute M. Gosselet, les couches se plissèrent, se redres-

(1) Ces deux coupes sont tirées des études sur le gisement de la houille dans le Nord de la France, par M. Gosselet.

sèrent ; les lieux les plus bas devinrent des centres d'affaissement ; ils furent enfermés dans des plis en forme de V incliné, la pointe vers le sud, dont les branches sont plus ou moins ouvertes. Il y eut en outre des cassures plus ou moins considérables, des plissements de certaines parties les unes sur les autres. » *fig. 4. (Etudes sur le gisement de la houille dans le Nord de la France.* GOSSELET).

Après les mouvements puissants, qui ont déchiré et bouleversé toute la formation primaire, la contrée tout entière s'est affaissée ; de nouveau, la mer revint peu à peu envahir les parties basses dans lesquelles s'était déposée la houille et les recouvrit d'autres terrains, emmagasinant ainsi pour les besoins des siècles futurs toute la formation carbonifère.

« Les oscillations de l'écorce terrestre se sont continuées, dit l'ingénieur Garcenot, pendant le dépôt des terrains postérieurs qui recouvrent la formation houillère, sur une grande partie de son étendue, et pendant que la partie ouest de la bande houillère s'affaissait, celle de l'est se soulevait lentement. » *(Les bassins houillers du Nord-Ouest de l'Europe.* A. GARCENOT).

Aujourd'hui le terrain houiller montre ses affleurements sur un grand nombre de points des pays de Liége et de Charleroi.

Ces affleurements ne sont sans doute que les têtes des parties qui ont échappé à l'action des érosions et des dénudations.

Les dérangements des couches, survenus à la suite de ces cataclysmes, sont nombreux.

Nous en donnerons quelques exemples.

Les couches peuvent avoir eu par la poussée latérale leurs extrémités plus ou moins relevées, et prendre ainsi la forme de fond de bateau, comme cela se présente sur un grand nombre de points de la bande houillère (fig. 5).

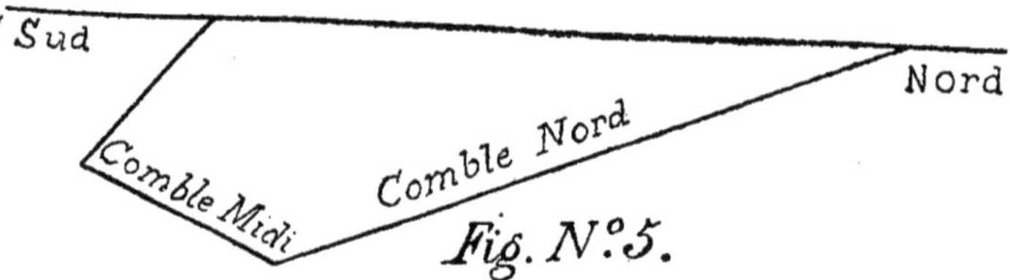

Fig. N°5.

Cet accident s'accompagne de plissements (fig. 6).

La partie refoulée a reçu le nom de comble du Midi, l'autre de comble du Nord. Dans les couches plissées on distingue les parties *droiteurs* et les parties *plateurs*.

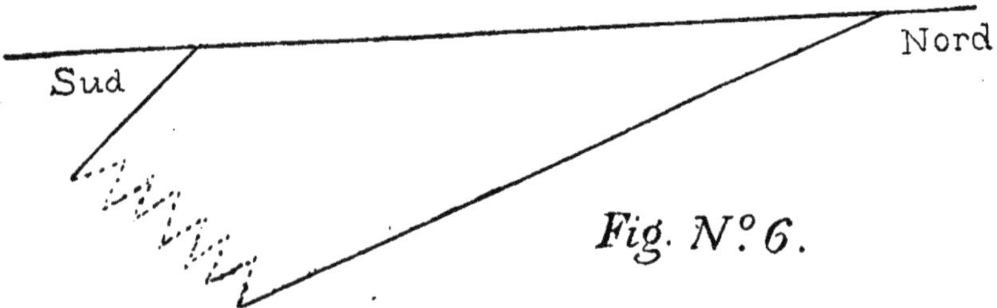

Fig. N° 6.

Aux plissements s'ajoutent :

1° Les accidents qui n'affectent qu'une seule couche. (fig. 7, 8, page 26).

2° Les accidents qui affectent toute la stratification.

Dans les premiers se trouvent les étreintes, les chapelets, etc.

Les seconds accidents sont les cassures qui sont connues sous le nom de failles, lorsqu'il y a remplissage de la cassure avec les terrains superficiels, ou bien de cran lorsque cette cassure n'est pas remplie (fig. 9, ci-contre).

Ces derniers accidents sont accompagnés de rejettement de la couche. Il se produit une sorte de dénivellation que les couches successives subissent aussi.

Fig. 7.

Fig. 8.

Il y a encore les puits naturels, excavations qui se rencontrent dans le Hainaut, principalement au couchant de Mons, et qui sont remplis de matières venant de la surface (1).

(1) C'est dans un puits naturel du charbonnage de Bernissart au couchant de Mons que l'on a trouvé l'Iguanodon qui se trouve parfaitement reconstitué au muséum de Bruxelles.

Je dois les renseignements sur la partie technique de ce chapitre, à la bienveillance de M. Arthur Séverin ingénieur des Mines.

Le fond de la vallée houillère considérée dans le sens de la longueur se trouve à des profondeurs différentes. A deux lieues à l'est de Namur, près du ruisseau de Samson, les bancs inférieurs du terrain houiller se montrent à la surface de l'axe du bassin à 200 mètres environ d'altitude.

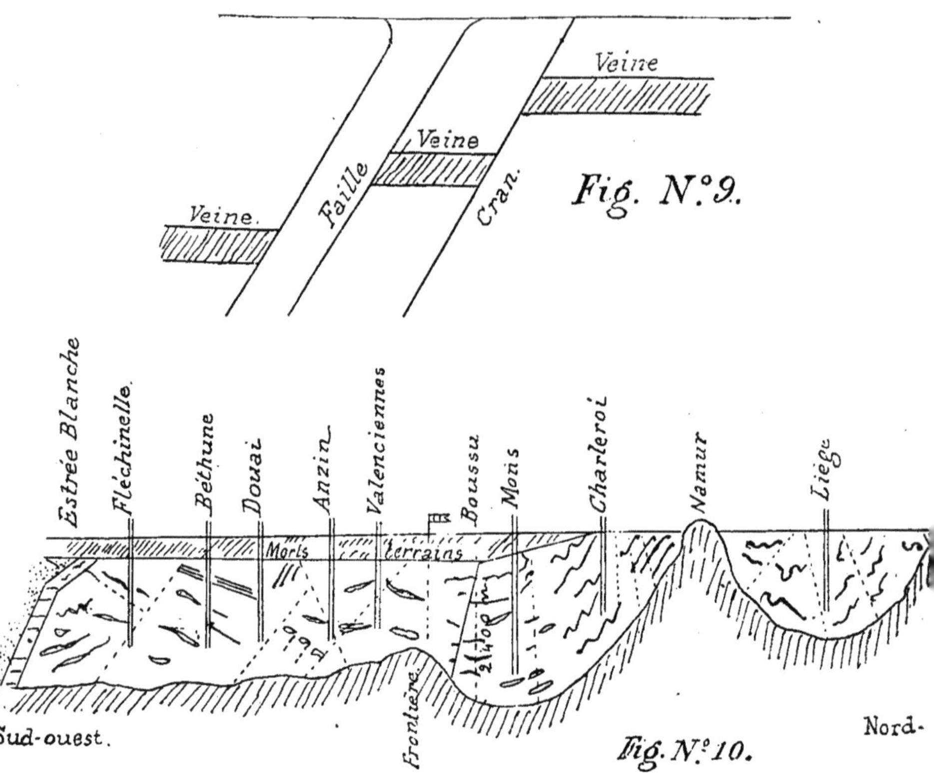

Fig. N° 9.

Fig. N° 10.

De ce point le bassin s'incline à l'est et à l'ouest dans la direction de Liège et de Mons. Ainsi qu'on peut le voir par la coupe, ci-dessus, c'est sous le territoire de Boussu, près de Mons, que le terrain houiller atteint son maximum d'épaisseur, qui serait à l'énorme profondeur de 2.400 mètres (fig. 10).

Le nombre de couches étant généralement proportionnel à l'épaisseur que présente le terrain houiller, il en résulte que c'est près de Namur que ce nombre est le moins grand. Il augmente en s'éloignant de ce point pour se rapprocher de Liège et de Mons.

La partie française de la bande houillère doit renfermer, dans certains endroits, un nombre de veines se rapprochant du chiffre constaté dans le bassin de Mons.

Dans la zône comprise entre Liège et Charleroi, le terrain houiller n'est recouvert que par des alluvions de la Meuse et de la Sambre ou par des épaisseurs peu considérables de terrains tertiaires et quaternaires ; dans beaucoup de localités, situées dans ces deux bassins, les veines de houille viennent même se profiler à la surface du sol.

A partir de Monceau-sur-Sambre, situé à quelques kilomètres à l'Ouest de Charleroi, les dépôts crétacés qui recouvrent la formation houillère, augmentent d'épaisseur et atteignent 3 à 400 mètres entre la frontière française et la ville de Mons.

En continuant vers l'Ouest, les terrains de recouvrement perdent de leur épaisseur et n'ont plus que 150 mètres à Fléchinelle, endroit où cette formation disparaît, et où l'on a perdu sa trace.

Ces terrains de recouvrement, ou morts terrains, comme les appellent les mineurs, renferment souvent des amas d'eau considérables ; aussi le creusement des puits est-il très difficile et très coûteux dans les endroits où la formation houillère en est recouverte.

Sur toute l'étendue de cet immense dépôt les couches varient dans leurs épaisseurs depuis quelques centimètres jusque 2 mètres et plus.

Ces couches, ainsi que nous l'avons vu, dérangées de leurs positions primitives, par l'effet des pressions et des soulèvements, sont pliées en forme de bassin concave dont les bords sont irréguliers.

La coupe, ci-dessous, nous montre pour le Bassin de Mons ; en A, les morts terrains, sur une épaisseur de 3 à 400 mètres au Nord ; en B le terrain houiller proprement dit ; en D le calcaire carbonifère ; en E le terrain dévonien grès et schistes.

Fig. 11. — *Coupe Nord-Sud du Bassin de Mons.*

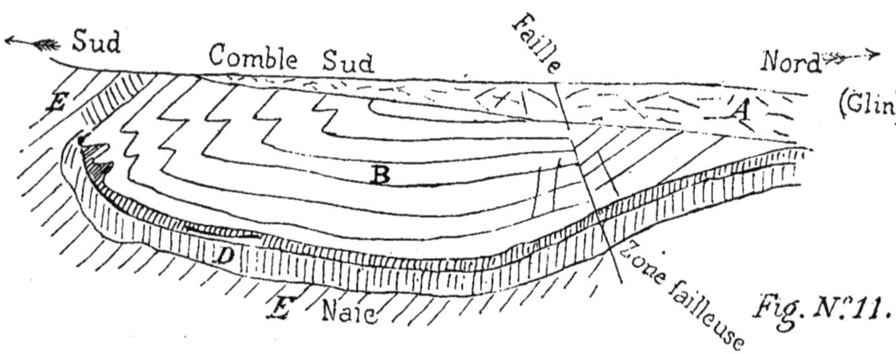

Certains de ces bassins sont séparés d'un autre soit par des selles ou soulèvements, soit par des failles, soit par des affaissements.

« Cette série de gîtes se succèdent les uns aux autres en marchant de l'Est vers l'Ouest ; ils se rétrécissent ou se dilatent alternativement. » A. Burat. — *de la Houille.*

Sur les selles ou soulèvements, les érosions et les dénudations ont enlevé une partie, de la formation houillère, laquelle disparait même quelquefois complètement, de sorte qu'il y a interruption de couches sur un parcours plus ou moins long, comme cela se présente entre le Bassin de Charleroi et le Bassin de Liége, au ruisseau de Samson près de Namur.

Tous les bassins de la bande houillère ne sont pas d'une structure aussi régulière que celui de Mons.

Le bassin de Charleroi, par exemple, renferme des couches plus fortement plissées que le précédent. Toutes les couches de la partie méridionale y sont fortement relevées ainsi que le montre la coupe ci-dessous. *(fig. 12)*. De plus il est traversé par un grand nombre de failles qui en rendent l'exploitation difficile.

Fig. 12. — *Coupe du bassin de Charleroi Nord-Sud.*

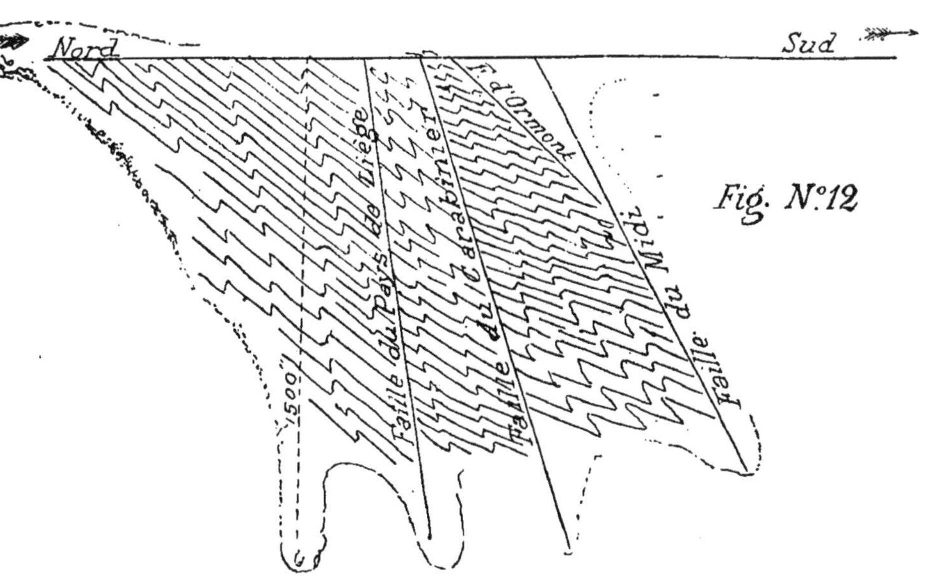

Ce bassin renferme 65 couches de houille exploitables, dont 19 de charbons gras pour cokes et laminoirs, 35 de charbons gras et demi-gras pour l'industrie et les foyers domestiques, et 11 de charbons faibles demi-gras et maigres, également pour foyers domestiques.

A cause de la proximité de quelques villes importantes, les divisions de la bande houillère franco-belge sont connues sous les noms de bassins: de Liége, de Charleroi, de Mons, de Valenciennes, du Pas-de-Calais.

La structure de ces dépôts a été décrite dans des ouvrages techniques. Nous nous bornerons donc aux deux coupes ci dessus, pour donner au lecteur une idée générale de l'allure des couches de houille dans toute la vallée carbonifère.

Ainsi que nous l'avons vu les couches de houille varient dans leurs épaisseurs ; tantôt elles se présentent en dressant, tantôt en plateur. Parfois elles sont formées uniquement de charbons ; d'autres fois, et c'est ce qui arrive le plus souvent, la houille de la couche, est séparée par des lits de schistes plus ou moins épais. On dit alors que la veine est en plusieurs laies ou sillons.

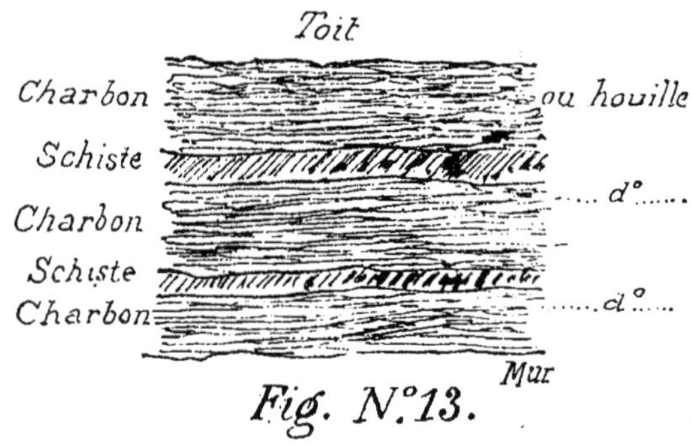

Fig. N°13.

La nature du charbon peut aussi quelquefois varier dans la même couche ; on y trouve le contraste du charbon le plus pur avec des charbons ternes et intimement mélangés de parties terreuses.

Malgré la meilleure volonté des mineurs, il arrive parfois que ces matières impures restent mélangées avec la houille après l'abattage. On conçoit donc alors que la proportion de cendres laissées par une houille après sa combustion, doit dépendre de la nature de la couche et du soin que le mineur a apporté à séparer du charbon les matières étrangères fournies par le havage ou les roches encaissantes.

Sur toute l'étendue du bassin houiller franco-belge, les couches présentent de notables différences dans la propriété des combustibles qu'elles fournissent et on les a placées par groupes ou faisceaux suivant leur teneur en matières volatiles.

On a constaté que cette richesse augmente lorsque l'on passe des couches les plus anciennes aux plus récentes.

En commençant par la base de la formation on trouve :

1° Le faisceau des houilles maigres.

2° Le faisceau des houilles demi-grasses.

3° Le faisceau des houilles grasses.

4° Le faisceau des houilles à longue flamme et des charbons à gaz.

Ces dernières sont spéciales à quelques bassins très riches en combustibles, dont le type est la houille flénu qui se trouve toujours à la partie supérieure de la formation.

La superposition complète de tous ces faisceaux n'existe que là où le terrain houiller présente toute son épaisseur comme à l'ouest de la ville de Mons.

Il existe encore sur quelques points de la vallée carbonifère, une variété de houille maigre connue dans le pays sous la dénomination de terre-houille.

Ce combustible que l'on rencontre surtout dans le bassin de Charleroi provient souvent de certaines couches qui ont dû être fortement comprimées au moment des cataclysmes. Parfois aussi l'altération du charbon résulterait de l'air et de l'humidité ainsi que cela existe pour le dépôt de Forte-Taille.

D'après Ponson, ce petit bassin, séparé de la grande formation par un soulèvement du calcaire semblerait résulter de l'arrachement de la partie supérieure de la stratification du grand bassin, qui lors des cataclysmes a été entraînée et déposée dans la dépression, où on la trouve actuellement. Ces houilles ont perdu leurs matières volatiles, après avoir été pénétrées par l'air et par l'argile, qui altèrent leur pureté, et par les eaux qui leur ont enlevé leurs principales qualités. *(Traité de l'exploitation des mines de houille).*

Nous dirons dans une autre partie de cet ouvrage à quels usages ces différentes variétés de combustibles peuvent être utilisées.

Pour terminer, nous ajouterons que ce serait une erreur, de supposer que la qualité de la houille produite par une veine est invariable sur toute l'étendue d'un même bassin.

En voici un exemple :

On a remarqué que des veines, maigres dans certains charbonnages du Nord-Est de Charleroi, gagnent en qualité, à mesure que l'on s'avance vers l'Ouest, jusqu'à donner des charbons trois-quarts gras dans des charbonnages situés vers la limite sud-occidentale du bassin.

Cette modification dans la nature des houilles proviendrait, d'après plusieurs ingénieurs, des actions métamorphiques qui ont pu varier sur une certaine étendue.

M. Gosselet pense que, par suite des violentes pressions qu'elle a essuyées, la houille du Midi est devenue plus grasse et parfois plus riche en grisou.

Chacun des bassins houillers de cette formation carbonifère a ses combustibles spéciaux, et présente donc une classification locale, qui a une grande importance commerciale.

Ainsi les houilles demi-grasses de Charleroi, ne sont pas les mêmes que les houilles demi-grasses de Mons ; celles-ci ne ressemblent pas aux houilles demi-grasses du bassin de Valenciennes, et les houilles grasses du Nord ne sont pas de même nature que les houilles grasses du Pas-de-Calais.

Nous nous permettrons, encore une fois, d'emprunter à Monsieur Gosselet, un des hommes qui ont le mieux étudié la stratigraphie de la formation carbonifère du Nord de la France, la distribution des zones houillères de ce dépôt.

« .... En France on constate que les diverses zones paléontologiques signalées dans l'étage houiller ne s'étendent pas d'une manière uniforme sur tout le bassin. La zone dite des charbons maigres s'étend depuis la frontière jusqu'à Annœullin ; celle des charbons demi-gras va jusqu'à Ferfay et celle des charbons gras s'étend seule jusque dans le Boulonnais.

Dans une coupe dirigée du Nord au Sud, à travers le bassin, on trouve successivement les houilles maigres, les houilles demi-grasses, les houilles grasses et les houilles à gaz.

Par suite de mouvements qui ont affecté le terrain primaire, les couches méridionales du bassin, c'est-à-dire le faisceau des houilles grasses est renversé, le toit est au-dessous des veines, et le mur, composé de schistes, recouvre la houille. »

GOSSELET (*Esquisse géologique du Nord de la France et des contrées voisines*).

Légende et histoire de la houille

On ne sait à quelle époque on a eu connaissance de la houille.

Cette question a fait l'objet de discussions et de dissertations savantes, et des hommes éminents ont inutilement consulté nos vieux chroniqueurs sans pouvoir lever le voile épais qui nous cache l'époque de cette découverte.

Les plus anciens documents qui existent à ce sujet ne nous permettent pas de remonter bien haut dans l'histoire du passé, et cette question est restée jusqu'ici à l'état de problème.

Nous n'avons donc à mettre sous les yeux du lecteur que les faits et les dates souvent controversés que les historiens nous ont laissés.

La légende la revendique en faveur du pays de Liège. (Ce qui est rapporté par le père Bouille dans son histoire de cette région et qui en fixerait la date vers l'an 1198).

Hullos, forgeron de Pléneveaux près de Liège se plaignait un soir, en essuyant du revers de sa main la sueur qui perlait à son front, du mal qu'il avait à nourrir sa famille à cause de l'excessive cherté du bois.

Relevant la tête, il vit un vieillard porteur d'une longue barbe et vêtu d'une souquenille blanche qui s'approcha de lui et lui demanda s'il était satisfait de son métier.

Hullos lui répondit qu'il lui fallait forger bien du fer pour subvenir aux besoins de sa nombreuse famille, mais qu'il ne se plaindrait pas, cependant, si le charbon de bois n'était pas aussi cher. « Reprends courage, dit le vieillard » d'ici, tu peux apercevoir la montagne de Publémont [1] et le monastère Saint-Laurent ; lorsque tu la graviras tu

(1) Mont Public.

remarqueras que la terre est coupée de larges bandes de pierres noires : détache quelques morceaux de cette roche luisante, rapporte-les et fais les brûler dans le feu de ta forge.

Hullos semblait rêveur, sa tête s'était penchée sur sa poitrine ; il avait, en effet, déjà remarqué en gravissant la montagne des Moines [1], ces pierres noires et luisantes dont parlait le vieillard.

Lorsqu'il releva la tête ce dernier avait disparu.

Hullos se rendit au lieu indiqué, en détacha quelques morceaux et les mit dans le feu de sa forge. Quelle fut sa joie, lorsqu'il les vit brûler, en pétillant, et son fer rougir beaucoup plus rapidement qu'avec le charbon de bois qui lui coûtait si cher.

Hullos était bon et généreux ; il ne voulut pas garder, pour lui seul, les propriétés du gisement indiqué par ce vieillard qu'il considérait comme un ange. Il dit à ses voisins d'aller également sur la montagne des Moines, chercher de cette pierre noire qui brûlait si bien. Bientôt la houille flamba dans tous les foyers et l'on ne tarda pas à exploiter cette découverte si miraculeusement révélée.

Cette légende peut-elle être considérée comme pièce authentique pour fixer la découverte de la houille à l'année 1198 ? C'est sur cette date que les écrivains ne s'accordent pas.

Certains disent qu'avant que le pays de Liège fut habité, les Chinois connaissaient la houille dont ils faisaient usage plus de 1000 ans avant J.-C.

« Quelques-uns, parmi le peuple broyent le Mouhy (c'est ainsi qu'à Pékin, on appelle le charbon de terre qui se tire depuis plus de 3.000 ans des provinces de

---

(1) C'est ainsi que les gens du peuple nommaient la montagne sur laquelle était construit le monastère Saint-Laurent.

Chan-fi et de Pé-ché-li, à deux lieues de cette ville) en mouillant la poudre et en la mettant en pains. » *(Nouvelle relation de la Chine par le père Magalaens.* MORAND*)*.

Théophraste qui vivait 350 ans avant J.-C. est le plus ancien écrivain qui parle d'une façon assez nette de la houille.

« La pierre que l'on trouve au cap d'Erinéade, de même que celle que l'on rencontre à Bine, étant brûlée, répand une odeur de bitume ; elle brûle et se consume comme le charbon de bois. Les forgerons et les fondeurs de la Grèce en font une importante consommation.

Certains auteurs pensent que Théophraste veut parler du lignite que l'on rencontre en Grèce.

A cette époque la Grèce et la Chine étaient à l'apogée de leur civilisation, tandis que la Belgique était à peine habitée.

Ces citations ne prouvent rien, du reste, au sujet de la découverte de la houille dans nos contrées.

Les Eburons [1] et les Nerviens [2] qui, les premiers ont habité les bords de la Meuse et de la Sambre ont dû découvrir la houille peu de temps après leur arrivée.

« Plusieurs circonstances, dit Renier Malherbe, contribuent à faire admettre cette opinion : ces peuplades connaissaient l'art de fabriquer les métaux, car elles étaient pourvues d'excellentes armures. Elles se procuraient elles-mêmes, sur leurs territoires, le fer qui leur était nécessaire pour chasser, guerroyer et repousser le joug étranger. Or, si elles connaissaient le moyen d'extraire le fer du minerai [3], il est plus que probable que leurs

(1) Eburons (peuples de Liège).

(2) Nerviens (peuples du Hainaut).

(3) Le minerai de fer abondait alors à proximité de la Meuse et de la Sambre.

regards furent attirés par les nombreux affleurements de charbon que l'on rencontre dans ces contrées.

Ces traces d'une matière noire, luisante et fragile, ont dû exciter leur curiosité à un degré beaucoup plus grand qu'une matière argileuse comme le minerai de fer, qui, au premier abord ne présente pas un cachet particulier ; et si elles ne l'ont pas employée au traitement du minerai, au moins ont-elles dû s'en servir comme chauffage *(Exploitation de la houille dans le Pays de Liège)*.

L'ingénieur Bidaut dans ses études minérales sur l'arrondissement de Charleroi, emploie les mêmes arguments pour démontrer que la houille a été découverte à Charleroi peu de temps après l'arrivée des Nerviens.

« Il n'est pas possible, dit M. Bidaut, que les qualités combustibles de la houille soient restées longtemps ignorées de ces peuples. Ils ont dû s'en servir comme chauffage dès le moment où ils ont habité ces contrées d'une façon permanente. » *(Études minérales sur l'arrondissement de Charleroi)*.

Mais dans ces âges lointains ; le combustible minéral devait être employé dans de bien faibles proportions ; car ainsi que le fait remarquer E. Steiner, il est fort douteux que ces populations primitives, quelque industrieuses qu'elles fussent, se soient senties entraînées à demander aux entrailles de la terre, des ressources que la nature leur offrait si généreusement et si commodément.

Les forêts qui couvraient alors ces contrées fournissaient amplement à tous les besoins de l'industrie à cette époque.

Les historiens de Rome nous montrent en effet, la Gaule et certaines contrées du Nord de l'Europe, couvertes de forêts impénétrables, à l'abri desquelles nos aïeux, ont opposé une vive résistance à la marche victorieuse des légions de César.

L'exploitation des mines de cuivre et de fer existant dans les Gaules bien avant l'arrivée des Romains, il est permis de supposer que les gisements de houille ne devaient pas être ignorés des premiers habitants qui sont venus se fixer sur les bords de la Meuse et de la Sambre et qu'ils ont dû en faire usage.

Un antiquaire, Hubert Thomas, dit qu'il y avait un temple dédié à Vulcain en haut de la montagne St-Gilles (près de Liège) là même, où la houille affleure partout. Il en conclut qu'elle devait être connue à Liège au temps du Paganisme.

« Le choix de cet emplacement pour un temple dédié à Vulcain, le dieu du feu, semble prouver, dit F. Hénaux, qu'on a voulu l'honorer en le mettant au milieu des attributs de sa puissance. » *(La houillerie du pays de Liège).*

L'antiquité des araines (1) à Liège, serait aussi d'après F. Hénaux, une preuve que l'exploitation de la houille a dû commencer dans cette contrée à une époque très reculée. La première araine a été construite au premier siècle de l'ère vulgaire.

D'autres auteurs ne pensent pas que cet argument puisse avoir la valeur que lui attribue Hénaux.

Cette première araine appelée Richonfontaine a dû, disent-ils, être construite par les Romains, pendant l'occupation, pour alimenter les fontaines publiques de la cité, dans le but de donner aux habitants une meilleure eau que celle du fleuve.

Il paraît hors de doute que cette araine ne pouvait servir à démerger des mines.

A cette époque les travaux d'extraction ne devaient pas être bien importants.

---

(1) Araine : Canal d'écoulement où toutes les eaux d'une mine se réunissaient pour se déverser, soit dans un ruisseau, soit dans la Meuse.

L'exploitation par puits n'était d'ailleurs pas connue ; les mineurs de ce temps, se bornaient probablement à extraire la houille des affleurements, allant aussi profondément qu'ils le pouvaient, poussant de courtes galeries jusqu'à ce qu'ils en fussent chassés par les eaux, puis se reportant sur d'autres affleurements.

La date de la légende, 1198, devrait selon Renier Malherbe, se rapporter à une époque où l'on a commencé l'extraction de la houille d'une façon moins primitive ; à une époque où les forêts ne suffisaient déjà plus aux besoins des populations ; circonstance qui avait amené « l'excessive cherté du bois » comme le dit Hullos le forgeron.

Cette rareté du bois a dû obliger les habitants de ces contrées à se servir de la houille d'une façon plus suivie. Et c'est alors seulement qu'ils ont reconnu les avantages qu'ils pouvaient retirer de cette richesse minérale qu'ils foulaient sous leurs pieds depuis un grand nombre de siècles.

On peut donc en conclure, avec le même auteur, que la légende repose sur un perfectionnement qui s'est opéré alors dans l'exploitation des mines de houille, et dont toute la gloire reviendrait à Hullos le forgeron.

La plupart des historiens nous rapportent, du reste, que l'extraction de la houille à Liège paraît remonter au XIIe siècle.

Ce qui est certain, disent-ils, c'est qu'il y avait non loin de Plénevaux une houillère abandonnée et dont le *bur* (1) était comblé.

« *Le chéans del bur fut donné en 1202 par l'évêque Hugues de Pierrepont à l'abbaye du Val St.-Lambert.* »

---

(1) Bur (puits). Le mot bur est employé dans le pays de Liège pour désigner le puits d'exploitation.

« La charte de 1202, dit encore Renier Malherbe, dont les recherches sont toujours si intéressantes, affirme, qu'un puits existait au pays de Liège. Il n'y en avait point dans d'autres localités et rien ne s'oppose à croire que Hullos ait indiqué le moyen de recouper, par un puits, les veines inférieures, alors qu'on avait enlevé complètement les veines superficielles ou que leur déhouillement avait amené des eaux dans la partie inférieure du gîte. » *(L'exploitation de la houille dans le pays de Liège).*

La confusion qui existe, entre la date de la véritable découverte de la houille, et celle de la légende, vient peut-être de cette première exploitation par puits ; cette innovation constituait un immense progrès, une découverte, pour les mineurs de cette époque.

Les chroniqueurs et les historiens du Hainaut, pas plus que ceux de Liège, ne sont fixés sur la découverte de la houille dans leur pays.

L'exploitation a dû se développer à Charleroi et à Liège vers l'époque de l'innovation attribuée à Hullos.

L'ingénieur Arnould, dans son ouvrage sur le bassin houiller du couchant de Mons, cite un acte de 1248, donnant le règlement concernant l'exploitation des mines, dans les seigneureries situées au couchant de Mons.

Morand, le médecin, dans son ouvrage *(l'art d'exploiter les mines de charbon de terre 1774)*, dit qu'il y a près de 700 ans que l'on connaît la houille dans le Hainaut impérial.

Le comte Jacques Deshandrouin, ancien bailli de Charleroi et fondateur de la Compagnie d'Anzin, disait en 1756 : « Il y a 750 années que la découverte et l'usage de la houille sont connus dans le Hainaut impérial. »

Pajot Descharmes dit que, vers l'an 1000, des veines importantes de houille furent découvertes autour de la ville de Mons.

Il est à remarquer que ces auteurs se bornent à rapporter des dates seulement.

Pour Charleroi on ne connaît rien d'authentique antér eur au XIIIe siècle. D'après l'ingénieur Bidaut, il existe un acte daté de 1297, contenant une donation faite par le comte de Namur, Jean fils de Guy, de la maison de Flandre, à Allard de Resves, seigneur de Borgelles, des territoires de Gilliers et de Charnoy *(Gilly et Charleroy)*. Cette donation est faite à titre héréditaire. Dans cet acte on comprend d'une manière expresse parmi les choses cédées, les mines de houille « en tous les territoires de Gilliers et de Charnoy, et toutes leurs appendances qui y sont et seront, lesquelles houillères, le sire de Resves, devant dit et ses hoirs pourra et peut faire prendre et lever et poursuivre partout entièrement, aux dits lieux, aux us, droits et coutumes que notre très amé père et sire, devant dit, les y avait et avoir povait. » *(Etudes minérales sur l'arrondissement de Charleroi)*.

Ainsi qu'on le voit, dit E. Steiner, la propriété des mines était donc réglée bien antérieurement à l'acte de 1297. Or, on ne réglemente pas la propriété d'un produit dont on ne fait pas usage.

Cette simple remarque ne fixe nullement, du reste, la date à laquelle remonte, à Charleroi, l'usage de la houille et encore moins la découverte de ce combustible.

D'après Jars *(Voyages métallurgiques 1774)*, ce serait les houillères anglaises qui auraient été exploitées les premières en Europe.

Lorsque Guillaume le Conquérant fit la conquête de l'Angleterre en 1066, il distribua la plus grande partie des mines de houille à ses officiers, et donna à chacun d'eux une certaine étendue de terrain.

Il serait donc à supposer qu'elles étaient exploitées à une époque bien antérieure à la conquête et qu'elles présentaient déjà une certaine valeur, puisque le conquérant les donna à ses compagnons d'armes, en récompense des services qu'ils lui avaient rendus.

Wallis, auteur d'une histoire du Northumberland, prétend même que les gisements houillers du nord de l'Angleterre furent exploités par les Romains lorsqu'ils occupaient ce pays.

En ce qui concerne les autres, situés en Europe, signalons en passant, que dans le centre de la France, le sire de la Roche-la-Molière, en 1321, lève un cens sur ceux de ses vasseaux qui exploitent les mines de « *charbon terrestre.* »

La houille ne fut trouvée en Allemagne que longtemps après cette date.

En 1720 on l'a trouvée à Fresnes, dans le département du Nord, à Anzin en 1734, à Aniche en 1778 et au-delà de Douai en 1845.

(Après la découverte du prolongement du bassin houiller du Hainaut belge, dans la direction de Valenciennes, les États d'Artois décidèrent en 1780 qu'une somme de 100.000 livres serait allouée à la Compagnie qui, la première, trouverait le précieux combustible dans le pays.

Des dépenses considérables furent faites, et ce n'est qu'en 1845, par un véritable hasard, que le terrain houiller et la houille furent recoupés à Oignies, près de Lens, en creusant un puits artésien qui les rencontra à 150 mètres de profondeur).

Puisque nous ne pouvons dégager, des ombres du passé, la date de cette découverte dans nos contrées, pas plus que les causes qui l'ont amenée, ne pouvons nous admettre avec Renier Malherbe, cette fiction que « des ouvriers ayant un jour préparé leur repas au Mont Public (1) au moyen de branchages aient enflammé

(1) Publimont.

quelques morceaux de charbon à un affleurement, et trouvé de cette manière la houille et son emploi. »

C'est ainsi que fut trouvé par les Phéniciens l'art de faire le verre (1). C'est également d'une façon tout accidentelle que fut découvert le minerai de fer et sa réduction par les peuples de la Scythie.

Les anciens durent employer fort peu la houille, matière lourde et encombrante, mais en Angleterre, à Liège, à Charleroi, là où les veines viennent se profiler à la surface, son usage doit avoir été bien antérieur aux dates que nous avons citées dans ce chapitre.

Il importe peu du reste, que les anciens l'aient connue, s'ils n'ont pas su en tirer tout le profit de ses propriétés calorifiques.

Excepté Buffon, aucun des savants qui se sont occupés de la houille au siècle dernier, ne supposait qu'elle devait se substituer plus tard à tous les autres combustibles. « Les veines de houille sont des trésors que la nature semble avoir accumulés d'avance pour les besoins des grandes populations ; plus les hommes se multiplieront, plus les forêts diminueront ; les bois ne pouvant plus suffire à leur consommation, ils auront recours alors à ces immenses dépôts de matières combustibles dont l'usage deviendra d'autant plus nécessaire que le globe se refroidira davantage. » *(Epoques de la Nature 1778).*

Pendant longtemps la houille est restée exposée à tous les préjugés ; on l'a accusée de vicier l'air, de salir l linge dans les armoires, de provoquer des maladies.

Les médecins l'accusaient de vices imaginaires ; elle fut traquée, exclue des villes.

(1) Des voyageurs phéniciens s'étant servis de soude pour construire un foyer sur le sable, produisirent par hasard, du verre par la fusion du sable et de la soude.

Au commencement du XIVe siècle, dit Anderson, la pauvre houille eut à lutter contre l'ignorance.

« Comme les teinturiers et les brasseurs de Londres se mettaient à s'en servir, les nobles et les riches bourgeois s'alarmèrent et portèrent plainte au Roi. Après une enquête où la houille fut déclarée combustible insalubre, le roi publia un statut prononçant amende et confiscation contre les citadins qui l'emploiraient comme chauffage. »

« Sous Henri II les docteurs l'avaient excommuniée pour ses vapeurs malignes et sulfureuses, et un édit royal avait défendu aux maréchaux-ferrants d'employer le charbon de pierre sous peine d'amende. »

« On ne sait si c'est l'air chargé des vapeurs de la houille dont l'usage est général, ou les aliments desséchés par ce minéral qui donnent aux Liégeois une espèce de consomption. » (DE LA PORTE. — *Le voyageur français 1775).*

Un autre voyageur la critiquait en parlant du teint des dames de Liège : « La plus grande partie des dames Liégeoises étant barbouillées et enfumées ne tiendrait pas ici de rang. » *(Les voyages de M. Payen 1688).*

Jusqu'à la fin du siècle dernier, le midi de l'Europe et la France presque entière en ignoraient l'emploi.

François Venel dans le discours préliminaire de son ouvrage sur l'usage de la houille 1775, s'exprime de la sorte :

....« Dans cet état de choses c'est donc un présent le plus précieux que l'on puisse faire à la province (Languedoc) que de lui fournir du feu abondant, inépuisable. La houille ou charbon de terre est ce présent. Les bonnes mines de houille qui sont communes en Languedoc, sont inépuisables.

« Après avoir prouvé que l'on pouvait faire bouillir le pot ou le chaudron de cuisine, ainsi qu'une lessive de cendres avec le charbon de terre et même chauffer un poêle, etc. J'ai encore eu occasion, poursuit-il, d'observer souvent avec quelque étonnement (quoique les exemples de pareilles badauderies ne manquent pas) un grand nombre de nos bons compatriotes, qui, sachant qu'on usait communément de feu de houille en Flandres et dans des provinces plus voisines, en parlaient néanmoins comme d'une coutume Tartare ou Iroquoise. » *(Instruction sur l'usage de la houille 1775).*

A. Burat, nous rapporte, d'après Savary, que le bois étant devenu très cher et très rare à Paris en 1774, on amena quelques bateaux de charbon de pierre qui se débitèrent assez bien d'abord au port St-Paul. Le peuple y courut en foule, et même plusieurs bonnes maisons voulurent en essayer dans les poêles des antichambres ; mais la malignité de ses vapeurs et son odeur de soufre en dégoûtèrent bientôt ; et la vente des premiers bateaux n'ayant pas réussi, les nouveaux marchands de charbon de pierre cessèrent d'en faire venir pour l'approvisionnement de Paris. »

Nos ancêtres employèrent donc peu ce combustible qui donnait au feu tant de fumée.

La bonne volonté ne manqua pas, cependant, pour en faire l'essai ; mais la fumée s'échappait des joints des poêles mal construits, répandait des vapeurs sulfureuses, noircissait la vaisselle d'argent, et, pour comble de malheur, faisait craindre d'étouffer.

Au siècle dernier, la houille, ainsi que nous le voyons, était loin d'avoir l'importance qu'elle a acquise depuis. Sa véritable histoire ne date que du commencement de celui-ci, par l'application de la vapeur aux usines et son emploi dans la fabrication de la fonte, du fer, de l'acier, en métallurgie, etc.

C'est à partir de cette époque que se sont développées les riches Houillères de la Belgique et du Nord de la France.

Ce charbon fossile que l'on voulait proscrire de nos villes, il y a un siècle à peine, est admis aujourd'hui partout pour le chauffage de nos maisons et il serait impossible de nous en passer.

« Rien aujourd'hui ne peut se faire sans la houille, dit aussi M. Charpentier de Cossigny, car c'est d'elle que l'on tire la lumière, la chaleur, la force motrice et ces moyens rapides de locomotion qui sont l'élément essentiel de la vraie civilisation.

DEUXIÈME PARTIE

Classification des Houilles

L'avenir est à la Nation qui aura le plus de charbon à sa disposition.

E. DE GIRARDIN.

Ainsi que nous l'avons vu dans un chapitre précédent la houille est d'origine végétale.

Elle est composée dans des proportions diverses de carbone, d'oxygène, d'hydrogène et d'azote. C'est le carbone qui, généralement, entre pour la plus forte proportion dans sa composition.

Sous l'influence de la chaleur ces divers agents se dégagent à l'état gazeux, se combinent, s'allient pour produire avec l'oxygène de l'air le phénomène de la combustion.

L'oxygène ayant une tendance à se combiner avec le carbone, partout où il le rencontre dans des conditions favorables, il résulte de cette combinaison un composé gazeux, nommé acide carbonique,

La combustion, pendant laquelle se produit la chaleur a lieu à une température variable ; elle donne plus ou moins de flamme, ou n'en produit pas, suivant que la houille contient telle ou telle proportion d'oxygène, d'hydrogène, d'azote ou de carbone.

L'analyse chimique des houilles a démontré que plus elles sont récentes, plus elles contiennent d'oxygène et d'hydrogène, et que plus elles renferment de ces gaz, plus elles développent de flamme dans la combustion.

Le carbone est l'élément qui domine dans la composition chimique des houilles anciennes ou du premier âge houiller.

(L'anthracite qui est le type de cette variété brûle très lentement, sans donner de flamme et détermine une température très élevée).

On a donc observé que plus une houille est riche en carbone, plus elle développe de chaleur à la combustion. Mais si d'un côté le pouvoir calorifique augmente avec le contenu en carbone, de l'autre l'inflammabilité en devient d'autant plus difficile ; car on ne peut obtenir une flamme longue et vive qu'avec celles qui sont les plus riches en oxygène.

Celles-ci par contre, dégageront moins d'acide carbonique et plus d'oxyde de carbone que les précédentes (1).

Elle renferme aussi des matières schisteuses, ferrugineuses et argileuses, substances incombustibles qui laissent après la combustion de la houille des résidus qui sont les cendres et le mâchefer.

On y rencontre aussi de la pyrite de fer, soit à l'état de petits cristaux, soit en lamelles jaunes, brillantes. C'est à tous égards la matière la plus nuisible qui se trouve dans les houilles ; car les appareils ainsi que les chaudières qui sont soumis à l'action de la flamme de houille renfer-

---

(1) Un même poids de carbone ne développe quand il se transforme en oxyde carbonique que 1386 calories, tandis qu'il en produit 7170 lorsqu'il est immédiatement transformé en acide carbonique.

JACQUES. — *Etude sur la houille du bassin de Liège.*

mant une assez forte proportion de pyrite, sont plus ou moins attaqués et corrodés par les acides sulfureux qui se dégagent de la combustion.

Sous l'influence de l'air humide, la pyrite se décompose et l'action chimique provenant de cette décomposition engendre un dégagement de chaleur quelquefois assez fort pour embraser le charbon en tas.

Le fait des incendies spontanés qui se déclarent dans l'intérieur des houillères ou dans les charbons amoncelés soumis aux influences atmosphériques, ne sont pas rares. On pourrait en citer de nombreux exemples.

La nature et les propriétés des houilles varient donc suivant les éléments qu'elles renferment.

En minéralogie on ne connaît que deux espèces de houille dont les éléments sont parfaitement définis : l'anthracite et la houille grasse.

Mais pour les industriels et pour les marchands, il en est un grand nombre qui sont entre les deux types.

Le passage de l'une à l'autre des différentes qualités s'opère d'une manière si peu apparente qu'il est parfois assez difficile de reconnaître à quelle catégorie elle appartient, car il est presque impossible de dire où commence et où finit une variété.

Les indices que nous fournit l'examen extérieur de la houille peuvent tromper sur sa nature et sur ses qualités; il en est de maigres ayant parfois les mêmes aspects et la même couleur que celles dites grasses.

L'anthracite ne se rencontrant sur aucun point de la formation houillère franco-belge ; nous ne dirons rien de cette qualité.

Au point de vue industriel et commercial, les houilles sont classées, pour le bassin franco-belge de la manière suivante, en tenant compte de l'ordre de superposition, et en commençant par celles que l'on rencontre à la partie supérieure de la formation :

1° Houilles sèches à longue flamme ou flénu.
2° Houilles grasses.
3° Houilles demi-grasses.
4° Houilles maigres.

En traitant chacune de ces variétés nous donnerons leur caractère et leurs propriétés.

« Pour bien apprécier les qualités d'une houille, dit A. Burat, il faut en faire l'essai pratique, car si l'analyse chimique peut fixer l'industriel sur la proportion des cendres, sur celle du carbone et des gaz, elle ne fournit aucune donnée certaine, ni sur sa qualité, ni sur sa tenue au feu, pas plus que sur la qualité du coke. » *(A. Burat. — De la houille).*

Ainsi que nous l'avons vu, la combustion de toutes ces variétés, au contact de l'air, est accompagnée de circonstances qui dépendent de leur composition.

« Elles brûlent avec plus ou moins de flamme, elles s'enflamment plus ou moins rapidement, elles produisent de la fumée en quantité variable, elles développent plus ou moins de chaleur, elles gonflent ou se ramolissent, se collent ou se divisent en feuillets ou en petits fragments. » Bouhy *(de la houille du Hainaut).*

Usage et choix des houilles pour les générateurs et les foyers domestiques

La houille est employée dans la plupart des circonstances où il est nécessaire de développer une grande chaleur.

Elle est surtout utilisée dans les opérations métallurgiques, dans la fabrication du verre, dans le chauffage des générateurs et des foyers domestiques, dans la production du gaz d'éclairage, dans la cuisson des briques, dans la calcination des pierres à chaux, etc.

Le but de cette étude étant de traiter les combustibles au point de vue de la vaporisation de l'eau dans les générateurs, ainsi que pour le chauffage des foyers domestiques, nous nous contenterons de mentionner seulement les autres usages auxquels ils peuvent servir.

Nous avons vu dans un chapitre précédent que les couches de houille constituent plusieurs faisceaux ou groupes qui sont de haut en bas :

1° Le faisceau des houilles sèches à longue flamme ou charbons flénus et des charbons à gaz, très riches en matières volatiles.

2° Le faisceau des houilles grasses, moins riches en matières volatiles, très bitumineuses et qui ont la propriété de s'agglutiner facilement.

3° Le faisceau des houilles demi-grasses plus riches en carbone.

4° Le faisceau des houilles maigres et des houilles anthraciteuses renfermant peu de matières volatiles et brûlant avec peu de flamme.

La manière dont ces diverses sortes de charbon se comportent au feu, présente des différences très variées et répond à de multiples besoins.

Pour le chauffage des chaudières à vapeur, la surface de chauffe étant plus ou moins éloignée de la grille sur laquelle s'opère la combustion, on choisira une houille qui soit riche en matières volatiles et qui développe, en brûlant, une flamme longue et vive.

Il faudra cependant faire un choix parmi cette variété, selon l'appareil que l'on a à chauffer, et prendre autant que possible celles qui donnent le moins de fumée et qui sont peu collantes. Il suffira qu'elles adhèrent suffisamment pour ne pas laisser passer trop de menus à travers les barreaux de la grille.

Il sera indispensable aussi, avant de faire choix d'une houille, de bien étudier la force du tirage de la cheminée, l'éloignement plus ou moins grand de la grille à la chaudière, les dimensions du foyer, l'écartement des barreaux de la grille, etc.

« Une houille trop collante, dit M. Bouhy, ne tarderait pas à éprouver une sorte de fusion pâteuse, formerait un obstacle au passage de l'air, et par suite occasionnerait le refroidissement du fourneau ; elle serait imparfaitement consumée et donnerait lieu à une grande perte ; elle occasionnerait une prompte détérioration des grilles, car ces dernières exposées à une température très élevée et n'étant pas rafraîchies par le passage de l'air dans le foyer seraient bientôt brûlées. »

La houille sèche à longue flamme ou flénu et les charbons demi-gras ou trois-quarts gras sont ceux qui présentent le plus de qualités pour la vaporisation de l'eau dans les générateurs. Un combustible trop sec, brûlant difficilement avec une courte flamme, sans se ramollir ni sans se coller, sous l'action de la chaleur, tomberait en petits fragments sous la première impression du feu.

Les agglomérés ou briquettes, que l'on fabrique avec les fines de houille mélangées avec du brai, sont aussi d'un très bon usage pour la production de la vapeur.

Possédant un pouvoir calorifique plus considérable que les autres combustibles, la houille est également préférée pour les usages domestiques.

Elle est employée aujourd'hui presque partout pour le chauffage de nos maisons, soit dans des poêles, soit dans des calorifères.

Dans les fourneaux de cuisine et dans les foyers ouverts on peut dire que son usage est général.

Pour ces deux derniers, le combustible qui convient le mieux, est la houille demi-grasse qui brûle sans presque donner de fumée avec une flamme longue et claire, qui possède un pouvoir calorifique considérable, reste longtemps en ignition, augmente de volume sans toutefois former coke ; elle doit être cependant assez collante pour pouvoir brûler les menus dont on recouvre le feu après les avoir préalablement mouillés.

Une houille grasse aurait l'inconvénient de coller fortement, de se transformer en coke qui s'éteindrait de lui-même, si l'on n'avait pas soin de casser la croûte compacte qui intercepte le courant d'air.

Cette dernière sorte de charbon s'allume du reste assez difficilement, dégage en brûlant une grande quantité de fumée, qui, si le tirage de la cheminée n'est pas très énergique, se répand dans les appartements en laissant une odeur désagréable.

Les poêles exigent une variété plus dure, dite quart grasse ou maigre selon l'appareil que l'on a à chauffer.

Pour les poêles à combustion lente et à feu continu on emploie généralement de l'anthracite ou des houilles anthraciteuses, comme celles que l'on exploite dans beaucoup de charbonnages des environs de Charleroi.

Ces sortes de houille s'allument très difficilement, brûlent avec lenteur, presque sans flamme, conservent le feu longtemps, ne donnent pas de fumée et produisent une température douce et constante.

Dans les calorifères on emploie généralement la même houille que dans les foyers ouverts et les fourneaux de cuisine.

Au point de vue hygiénique, dit encore M. Bouhy, on doit employer de préférence les foyers ouverts pour le chauffage des appartements. Bien qu'ils consument plus de combustible que les poêles et les calorifères, ils présentent l'avantage de faire pendant la combustion, l'appel d'une grande quantité d'air qui s'échappe par la cheminée, ce qui lui permet de se renouveler constamment.

Ces foyers présentent des garanties incontestables de salubrité.

Avec les calorifères, les poêles surtout, si l'on n'a pas soin de renouveler l'air, on éprouve parfois des malaises, des maux de tête et même aussi un commencement d'asphyxie occasionnée par l'oxyde de carbone et autres gaz délétères qui peuvent s'échapper de ces appareils.

Nous avons tous, du reste, présents à la mémoire les accidents graves et fréquents qui se sont produits dans ces dernières années et qui sont dus, soit au manque de précautions les plus élémentaires, soit aux inconvénients que présentent certains modes de chauffage.

Houille sèche à longue flamme ou charbon flénu

Dans toute la bande carbonifère franco-belge, on ne rencontre cette variété de houille que dans trois ou quatre charbonnages du Pas-de-Calais et dans un certain nombre de charbonnages du couchant de Mons.

Les bassins de Valenciennes, du levant de Mons, de Charleroi, de Liège, ne renferment pas cette variété de combustible.

Il existe bien, dans ces différents bassins, quelques veines produisant des charbons se rapprochant de cette variété, mais qui ne peuvent cependant être classés parmi les houilles flénu. Ils se rapprocheraient plutôt de la variété dite grasse à longue flamme.

La houille flénu est généralement pure, ne tâche pas les doigts, ne se réduit pas en poussière, mais en petits fragments que l'on a appelés mailles du flénu, et qui ont la forme d'un cube, ce qui permet de reconnaître facilement cette sorte.

Elle présente un aspect noir et luisant lorsqu'elle est nouvellement extraite.

Certaines couches ont cependant une couleur moins foncée qui passe au gris.

Les couches qui renferment cette variété occupent la partie supérieure de la formation.

On la recherche pour les foyers des chaudières à vapeur parce qu'elle s'allume avec une grande facilité, brûle avec une flamme abondante, longue et vive, mais en produisant beaucoup de fumée. Elle se consume assez rapidement et colle suffisamment pour empêcher les menus de passer à travers les barreaux des grilles.

Elle est très estimée dans toutes les industries où il est besoin de produire de la vapeur très rapidement. Se consumant vivement, il est nécessaire de la faire brûler sur des grilles minces et assez rapprochées, de façon à introduire une faible quantité d'air dans le foyer; de cette manière les produits gazeux que renferment cette houille ne se dégageront que progressivement.

Pour arriver à ce résultat, il sera également indispensable de charger le charbon à l'entrée du foyer et de ne le pousser dans le fond que lorsqu'il sera incandescent. Employé dans des conditions différentes, les gaz se dégageraient instantanément. La majeure partie de ceux-ci ne pourraient trouver leur emploi en passant sous la chaudière, se perdraient par la cheminée, sans avoir produit l'effet que l'on en attend, et occasionneraient une grande perte.

Dans certaines circonstances lorsque l'on est assez riche en vapeur, on peut mélanger cette houille avec la variété dite demi-grasse. Ce mélange donne d'excellents résultats; car cette dernière qualité est douée d'un pouvoir calorifique plus considérable que la précédente et présente aussi plus de durée sur la grille.

La houille flénu est également recherchée pour la cuisson des tuiles et des briques dans les fours continus et généralement dans toutes les industries où il est nécessaire de donner un coup de feu vif et instantané. Elle est employée aussi pour la fabrication du gaz d'éclairage à cause de sa richesse en matières volatiles. Certaines de ces houilles ont donné 33 mètres cubes de gaz par 100 kilogrammes de charbon.

Mais par contre, il ne reste dans le creuset qu'une faible quantité de coke fritté et sans résistance qui pétille au feu.

Le charbon flénu, gras, tout en ayant, à peu près, les mêmes qualités que le précédent pour la production de la vapeur et la fabrication du gaz, laisse cependant dans cette opération un coke plus abondant et en plus gros morceaux.

Brûlée dans les foyers domestiques, cette houille s'allume rapidement en produisant beaucoup de flamme et de fumée. Elle se consume très vite, aussi n'est-elle guère employée pour cet usage que dans les endroits de production.

Houille grasse

La houille grasse à longue flamme est d'un aspect plus terne que la houille flénu ; elle est plus tendre également, et se délité plus facilement sous l'influence des agents atmosphériques.

Les couches qui produisent cette variété sont très friables et donnent beaucoup de menus à l'abattage.

Elle s'allume facilement, se consume assez vite avec une flamme longue, vive, et une chaleur forte et soutenue.

Elle se ramollit et se colle sous l'action de la chaleur, résiste davantage sur la grille que la houille flénu ; mais étant moins pure que celle-ci, elle laisse comme résidu de la combustion une certaine quantité de mâchefer qui oblige le chauffeur à nettoyer sa grille plus souvent.

Cette houille est estimée pour les foyers des générateurs et pour la fabrication du gaz d'éclairage, mais elle est inférieure aux qualités flénu au point de vue de rendement en gaz ainsi que du pouvoir éclairant. D'un autre côté la quantité de coke fourni par la houille grasse à longue flamme est plus considérable et de meilleure qualité que celle produite par les variétés flénu, avantage très grand pour le fabricant qui vend le coke à la mesure pour l'usage des foyers domestiques.

La houille grasse proprement dite, houille maréchal, charbon de forge, est la plus tendre de toutes les variétés exploitées dans la vallée houillère franco-belge.

Elle est très poussiéreuse et tâche les doigts ; son aspect est d'un noir mat.

Elle s'allume plus difficilement et brûle moins rapidement que la variété précédente.

Soumise à l'action de la chaleur dans les foyers des générateurs, la houille grasse commence par distiller vivement avec une flamme courte, épaisse et fumeuse, en répandant une odeur de goudron très prononcée. Comme elle contient une grande quantité de matières huileuses et bitumineuses, elle ramollit, se gonfle, s'agglutine en une masse pâteuse et compacte qui colle les morceaux entre eux et qui intercepte le courant d'air.

Le chauffeur est occupé à briser sans cesse cette croûte solide pour permettre le passage, dans le foyer, de l'air indispensable à la combustion.

Après cette opération la flamme devient plus abondante, d'un jaune de plus en plus clair, jusqu'au moment où la chaleur est devenue suffisante pour dégager tous les gaz que cette houille est susceptible de donner.

Ainsi qu'on le voit, la houille grasse donne lieu à plusieurs inconvénients pour le chauffage des foyers des générateurs.

Ces difficultés disparaissent cependant si le chauffeur a bien soin de ne donner à la couche de charbon, sur la grille, qu'une épaisseur de 6 à 8 c/m qui permettra à l'air de passer à travers le combustible.

Cette houille n'est guère utilisée pour les foyers domestiques, mais elle est très estimée pour les usages métallurgiques et pour les fonderies car elle produit un coke pesant et très solide.

Elle jouit, aussi, d'une réputation méritée pour les forges des maréchaux, parce que la voûte, qu'elle forme par l'agglutination des morceaux, présente une résistance telle, qu'il est possible d'y introduire avec le soufflet une grande quantité d'air qui chauffe le fer à un degré fort élevé.

Houille demi-grasse

La houille demi-grasse forme le passage entre la houille grasse et la houille maigre.

Elle est généralement noire, à structure schisteuse, plus solide, plus lourde et plus éclatante que celle des variétés précédentes.

Elle donne à la combustion une flamme longue, blanche et claire comme celle du bois et produit peu de fumée.

Exposée à l'air à l'état de morceaux, elle se conserve sans s'altérer, beaucoup plus longtemps que la houille grasse.

Le type le plus parfait de cette variété se rencontre dans un assez grand nombre de couches des bassins de Charleroi et de Liège.

Dans les bassins de Valenciennes et du Pas-de-Calais on exploite aussi dans quelques charbonnages, seulement, des couches produisant des houilles se rapprochant de la qualité demi-grasse de Charleroi, utilisées également pour les foyers domestiques, mais qui, il faut bien le reconnaître, ne sont pas, tout à fait, d'aussi bonne qualité que cette dernière.

Le charbon demi-gras est assez lent à s'allumer, se ramollit et augmente de volume sous l'action de la chaleur, mais présente sur la houille grasse le grand avantage de ne pas s'agglutiner et de brûler sans donner de fumée.

Il colle suffisamment pour ne pas laisser passer les menus à travers les barreaux des grilles, surtout si l'on a bien soin de les mouiller et d'en faire préalablement une espèce de mortier dont on couvre le feu lorsqu'il est bien allumé.

La houille fort demi-grasse ou 3/4 grasse, fournie par certaines couches des bassins de Charleroi et de Liège, convient très bien pour les foyers des générateurs, parce qu'elle brûle avec une flamme longue et claire, donne une chaleur vive et soutenue, dégage une quantité considérable de gaz acide carbonique qui chauffe à un très haut degré (1).

Elle tient mieux sur le feu que les variétés précédentes, parce que, étant moins poreuse que ces dernières, les gaz qu'elle contient ne se dégagent qu'au fur et à mesure de la combustion. Mais elle laisse comme résidu une plus grande quantité de mâchefer que la houille flénu.

Elle produit aussi une plus grande quantité de cendres qui peuvent être mélangées avec les menus pour être rejetées ensuite sur le feu, et produire encore un certain effet calorifique.

Cette sorte de houille est surtout très recommandée pour les usages domestiques, pour les fourneaux de cuisine, pour les calorifères et pour les foyers ouverts, car brûlant sans fumée et donnant une flamme blanche et claire, elle ne répand jamais d'odeur dans les appartements.

Cette variété est l'objet de transactions considérables entre la Belgique, l'Est et le Nord de la France jusque bien au-delà de Paris où elle est employée, soit pour le chauffage des générateurs dans les sucreries et autres industries, soit pour les foyers domestiques.

---

(1) Se reporter à la note 1, page 49.

Houilles maigres

La houille maigre est noire, très brillante ; dans certaines couches cette couleur passe au gris.

Son poids spécifique est de beaucoup plus considérable que celui de toutes les variétés de houille exploitées dans le bassin franco-belge.

Elle est peu friable, ne se réduit pas en poussière, mais se divise en petits fragments.

Elle présente assez d'analogie avec l'anthracite.

Elle s'enflamme avec difficulté, et brûle très lentement sans se ramollir ni se coller sous l'action de la chaleur.

Dans la série des houilles maigres, on a placé, au premier rang, la houille quart-grasse qui établit le passage entre les houilles demi-grasses et les houilles maigres.

Ces dernières se subdivisent elles-mêmes en maigres flambantes et en maigres à courte flamme ou anthraciteuses.

La houille quart-grasse, exploitée dans quelques charbonnages situés à l'Est de Charleroi, est un combustible assez apprécié pour les usages domestiques.

Elle s'enflamme cependant moins vite que la demi-grasse, se ramollit un peu sous l'action de la chaleur et les morceaux forment, lorsqu'ils sont en ignition, ce que les marchands de charbon sont convenus d'appeler la griffe, c'est-à-dire qu'au lieu de gonfler et d'augmenter de volume d'une façon appréciable, comme les houilles demi-grasses, les morceaux s'écartent légèrement.

Elle brûle sans donner de fumée avec une flamme moyenne blanche et claire.

Après la combustion elle laisse dans le foyer, plus de cendres que la houille demi-grasse.

Cette variété n'est généralement employée que pour les usages domestiques.

Les houilles maigres flambantes et les houilles maigres anthraciteuses ou à courte flamme s'allument très difficilement ; se consument lentement sans produire de fumée, avec une flamme courte et bleuâtre à la manière des anthracites.

Ces houilles, pour être brûlées, exigent un tirage énergique.

Lorsque le tirage n'est pas forcé ou bien lorsque les appareils ne sont pas confectionnés pour brûler ces sortes de combustibles, ils se délitent en petits fragments sous l'action de la chaleur et laissent après la combustion une quantité considérable de cendres parmi lesquelles, on distingue encore certains morceaux de houille qui n'ont pas été brûlés.

Ces variétés ne peuvent donc convenir dans les appartements où l'on veut obtenir rapidement de la chaleur.

Autrefois ces sortes de houilles étaient peu recherchées. On ne les utilisait que pour des usages très restreints.

Aujourd'hui la situation est bien différente, et nous sommes loin de l'époque où les charbons maigres étaient en quelque sorte relégués au dernier plan.

Personne n'ignore que le pouvoir calorifique des charbons maigres est au moins égal à celui de certains charbons demi-gras. Les analyses faites dans beaucoup de charbonnages l'ont constaté, et aujourd'hui un nombre considérable d'industriels du Nord et de l'Est de la France emploient des charbons maigres à l'état de mélange, dans une assez forte proportion, avec des charbons gras. Mais il faut, pour obtenir un bon résultat de ce mélange, le faire brûler sur des grilles assez écartées, de grande surface et employer un tirage très énergique.

Un chauffeur actif, expérimenté, comprenant bien sa tâche pourra réaliser ainsi de notables économies.

Ces houilles sont généralement demandées dans le commerce à l'état de têtes de moineaux pour le chauffage des poêles mobiles, genre Chouberski et autres, et à l'état de grains pour les poêles Cadé.

Les couches qui donnent les charbons maigres occupent la partie la plus inférieure des bassins houillers.

On les exploite dans quelques charbonnages du bassin de Valenciennes, et surtout dans les bassins de Charleroi et de Liège.

La terre-houille qui occupe le dernier rang dans la série des houilles, est un combustible sur lequel nous ne dirons que quelques mots, car il n'est pour ainsi dire utilisé que sur place.

Ce combustible est très friable et se présente toujours à l'état de menus doux et onctueux au toucher.

Il est mélangé à des matières argileuses et sulfureuses.

La terre-houille s'allume difficilement, brûle lentement en donnant une chaleur douce et uniforme ; elle dégage à la combustion une petite flamme bleuâtre qui répand une odeur désagréable.

En la mélangeant avec de l'argile, elle est employée dans le pays d'origine à la fabrication de boulets ou *bougnets* ovoïdes, dont on se sert pour le chauffage des foyers domestiques.

Classification des Houilles

AU POINT DE VUE INDUSTRIEL ET COMMERCIAL

Depuis longtemps les grandes exploitations houillères ont monté des systèmes de triage du charbon qui, poussés aujourd'hui, à un grand perfectionnement permettent d'en fournir à l'industrie et au commerce de toutes dimensions, depuis la houille en roches, jusqu'au poussier le plus fin.

Dans le principe, le triage était fait à la main pour les houilles en roches seulement.

Aujourd'hui les charbons sortant du puits sont versés sur des cribles et des grilles doubles, mobiles, qui séparent les gros morceaux des charbons plus petits, et ceux-ci des menus auxquels ils sont mélangés.

La composition du charbon, dit tout venant, peut alors se faire avec une précision en quelque sorte mathématique.

Après avoir été passés au triage les charbons sont classés comme suit :

1° Houille et Gailletteries ;
2° Gailletins de différentes dimensions ;
3° Têtes de moineaux ;
4° Braisettes ;
5° Fines ou grains ;
6° Poussier.

Ce classement est fait d'après les triages employés généralement.

Les gros morceaux sont purs et peuvent être expédiés au commerce dans un état de propreté en rapport avec les soins apportés au chargement.

Les petits morceaux, à partir des têtes de moineaux jusqu'au poussier inclusivement, restent souvent mélangés à des matières étrangères, soit de l'argile, soit des schistes, soit des pyrites provenant de la veine.

Afin d'obtenir un écoulement plus facile de ces produits, les sociétés houillères se sont vues dans la nécessité de monter des appareils pour les épurer.

Cette épuration se fait au moyen d'un lavage où le poids spécifique ou densité relative établit la classification par la division de chacun des corps soumis à cette opération.

Pour faire cette opération du lavage, on soumet la houille à épurer à l'action entraînante d'un courant d'eau qui emporte le charbon et laisse tomber les minéraux plus lourds dans le fond de l'appareil, où une râclette mécanique vient les retirer au fur et à mesure de leur chute.

Tel est le procédé de l'épuration de la houille réduit à sa plus simple expression, et qui permet de fournir à l'industrie des combustibles absolument dépourvus de toutes matières étrangères.

Les Houilles, Gailleteries, Gailletins, Têtes de moineaux, sont utilisés pour les foyers domestiques.

Les braisettes, grains, poussiers, sont employés dans l'industrie ou bien transformés en briquettes.

Ces briquettes ou agglomérés sont fabriqués à l'aide d'une matière agglutinante que l'on tire du goudron de houille et que l'on nomme brai.

Ces agglomérés, dont la composition ne varie guère, sont composés de poussiers de charbons auxquels on ajoute 10 % de brai.

La fabrication des briquettes comprend trois opérations.

1° L'épuration des fines et des poussiers à l'aide d'un lavage.

2° Le mélange du charbon avec le brai dans des appareils de malaxage.

3° La compression ou moulage de la pâte en blocs réguliers (1).

Les produits de ces opérations sont classés comme suit :

1° Briquettes spéciales, fabriquées avec des charbons entièrement lavés, de toute première qualité, donnant un rendement en cendres d'environ 6 à 8 %.

Ce combustible, fabriqué dans certaines usines seulement, est très pur, s'allume rapidement, dégage une longue flamme douée d'un pouvoir calorifique considérable.

2° Briquettes ordinaires fabriquées également avec des charbons entièrement lavés, de moins bonne qualité, donnant plus de cendres que les précédents.

3° Briquettes fabriquées avec des charbons de deuxième qualité non lavés, utilisées dans certaines branches d'industrie et notamment dans la cuisson du plâtre.

Tout le monde connaît la forme de ces briquettes dont le poids est généralement de 8 à 9 kilogr. Façonnées en blocs réguliers et de volume convenable, appropriées à tous les usages de l'industrie, elles ont l'avantage d'utiliser les menus de houille qui se perdaient sur les terris des fosses il y a 30 ou 40 ans.

Elles sont d'un contrôle facile, tiennent peu de place à l'emmagasinage, s'allument vivement, dégagent beaucoup de flamme, conditions qui permettent de développer rapidement la vapeur.

Quant aux boulets creux et aux boulets pleins ovoïdes, ils sont fabriqués généralement avec un mélange de brai et de poussiers de charbons maigres.

---

(1) Cette compression est de 50 kilogr. par centimètre carré.

« Avec ces agglomérés sphériques, les points de contact étant très réduits permettent à l'air de circuler librement dans la masse entière et la combustion s'opère dans d'excellentes conditions. »

Ils sont employés avec économie quelle que soit leur forme, dans les foyers domestiques, dans les foyers ouverts, dans les calorifères, dans le chauffage des serres, etc.

Parvenu au terme de cette étude nous croyons intéresser le lecteur en lui apprenant que les gîtes houillers connus et exploités actuellement dans nos pays sont encore très abondants malgré la forte contribution annuelle, toujours ascendante, à laquelle ils sont soumis.

On se demande si cette source est intarissable dans les pays incessamment fouillés comme l'Allemagne, la Belgique, le Nord de la France et l'Angleterre.

Grâce aux immenses progrès que la géologie a faits depuis quarante ans, nous avons appris, aujourd'hui, à connaître la nature des terrains dans lesquels on est susceptible de trouver la houille.

En dehors de la bande houillère qui s'étend depuis la Ruhr, jusque sous une grande partie de l'Angleterre, en passant par la Belgique et le nord-ouest de la France, on a 99 chances sur 100, d'après les données scientifiques, de ne pas rencontrer de nouveaux gisements dans ces contrées.

Les statistiques officielles publiées dans ces dernières années ont donné la production annuelle de la houille dans les pays suivants :

Angleterre.	125.000.000	tonnes
Allemagne.	80.000.000	»
Nord et Pas-de-Calais. .	25.000.000	»
Belgique.	18.000.000	»

Ces statistiques ont de plus montré que depuis l'application de la vapeur aux usines, le développement de la métallurgie et de toutes les industries, en général, son emploi a doublé en moyenne tous les quinze ans.

Devant cette consommation, sans cesse grandissante des craintes sérieuses d'épuisement, surgirent partout.

Nos voisins d'Outre-Manche ainsi que ceux de l'autre côté du Rhin chargèrent (comme nous l'avions déjà fait en France), des ingénieurs de calculer la quantité approximative de tonnes qui reste à extraire aujourd'hui dans leurs pays.

En tenant compte de la progression observée dans la consommation pour les cinquante dernières années, ils sont arrivés presque tous à un résultat à peu près semblable.

D'après leurs calculs, ils n'ont assigné qu'une durée de trois à quatre siècles aux riches mines des bassins de la Ruhr, de la Sarre, de la Belgique, du Nord-Ouest de la France et de l'Angleterre.

La question n'est pas menaçante pour la génération actuelle. Mais nos descendants, ne trouvant plus dans trois siècles le combustible nécessaire à l'alimentation de leurs usines, seront dans la nécessité d'avoir recours à nos bons amis de Russie qui possèdent des richesses houillères peu exploitées encore dans les immenses bassins de la Vistule, de Donetz et de Moscou ; ou bien, à défaut de ceux-ci, se trouveront-ils réduits à devenir les tributaires des États-Unis d'Amérique, qui possèdent des gisements encore vierges, dont la superficie est 20 fois plus considérable que celle des mines d'Angleterre.

Ou bien encore toute cette industrie et la civilisation qui lui a donné naissance seront-elles appelées à disparaître, faute de houille ?

Nous ne le croyons cependant pas.

« Le germe des grandes inventions, dit un écrivain, éclot à son heure. »

Les hommes marchant toujours dans la voie du progrès feront sans nul doute, d'ici la fatale échéance, la découverte d'un agent destiné à remplacer cette houille, qui aura été une source de tant de bien-être et de richesses pour leurs aïeux.

Imprimerie Liégeois-Six, rue Léon-Gambetta, 244, Lille.

www.ingramcontent.com/pod-product-compliance
Ingram Content Group UK Ltd.
Pitfield, Milton Keynes, MK11 3LW, UK
UKHW020339250726
13967UKWH00005B/2012